www.tredition.de

AF197846

Marco Widmer

Ausbildung, Ausrüstung und Betreuung der Bundeswehrsoldaten in Afghanistan – eine Analyse der Defizite, Folgeprobleme und Abhilfe

Mit einem Vorwort von Prof. Dr. Kristina Bautze

© 2016 tredition Verlag
Lektorat: Prof. Dr. K. Bautze
Korrektorat: Prof. Dr. K. Bautze, Ch. Seyffer
Umschlag: Ch. Seyffer
Beirat: Prof. Dr. K. Bautze, Prof. Dr. G. Steckmeister, Prof. Dr. K. Wüstner

Verlag: tredition GmbH, Hamburg
ISBN   978-3-7345-1914-7 (Paperback)
Printed in Germany

Inhaltsverzeichnis

Vorwort

Die nachstehende Arbeit ist entstanden aus einem Studierendenprojekt an unsrem Fachbereich, dessen Leitung ich hatte. Ziel dieses Projektes war es, die Bedingungen, Chancen und Möglichkeiten eines erfolgreichen sog. *„Peacebuilding im Staat Afghanistan"* aus zu loten. Hierzu haben sich die Studierenden mit vielfältigen Aspekten des staatlichen und zivilgesellschaftlichen Lebens in Afghanistan auseinander gesetzt: Geographie, klimatische Bedingungen, Geschichte, ökonomische Bedingungen, ethnische und religiöse Vielfalt und natürlich dem Streitkräfteeinsatz im Rahmen des UN-mandatierten ISAF- (International Security Assistance Force) Einsatzes, der auch Gegenstand der nachstehenden Arbeit ist.

Eine, wenn nicht *die* zentrale Erkenntnis, zu der die Projektteilnehmer im Laufe des zweisemestrigen Projektes gelangt sind, ist, dass guter Wille und die Überzeugung, dass westliche Werte wie Demokratie, Menschenrechte und Rechtsstaat es schon richten werden, allein nicht ausreichen, um einen muslimischen Staat mit so außerordentlich wechselvoller Geschichte, langen kriegerischen Phasen, extremen klimatischen Bedingungen und einer riesigen Vielfalt an Ethnien und Religionen erfolgreich zu befrieden und „aufzubauen".

Die nachstehende Arbeit ist für die Schriftenreihe des Fachbereichs unter anderem deshalb ausgewählt worden, weil sie die Erkenntnisse des Projekts im Rahmen einer weiterführenden Thematik, nämlich der „Ausbildung, Ausrüstung und Betreuung der Bundeswehrsoldaten" im ISAF-Einsatz fruchtbar gemacht hat, indem sie - völlig zu Recht - darauf hinweist, dass es für den Erfolg einer Bundeswehrmission nicht nur darauf ankommt, dass den Soldatinnen und Soldaten militärisch relevante Kenntnisse vermittelt werden, sondern dass sie, insbesondere in der einsatzvorbereitenden Ausbildung, mit den kulturellen, religiösen, weltanschaulichen etc. Besonderheiten des Einsatzlandes konfrontiert werden, um die für den Einsatzerfolg unabdingbar wichtige Kommunikation mit der Bevölkerung und deren Folgebereitschaft zu garantieren.

Ein weiterer Anlass, die nachstehende Bachelorarbeit für die Schriftenreihe auszuwählen, ist die große Aktualität des Themas. In den vergangenen drei Jahren sind vielfältige Ausbildungs- und Ausrüstungsmängel der Bundeswehr ans Tageslicht gekommen. Das Thema beschäftigt Medien, Politik und Zivilgesellschaft in erheblichem Ausmaß.

Der wohl entscheidende Grund, die nachstehende Arbeit auszuwählen, ist aber, dass es in ihr nicht nur um abstrakte technische Mängel von Waffen und Fahrzeugen, um Gründe für deren verspätete Auslieferung an die Bundeswehr oder um Strukturdefizite einer Behörde geht, sondern dass auch einmal diejenigen zu Wort kommen, die die allein Leitragenden sind, nämlich die Soldatinnen und Soldaten, zumal ein einem so heiklen Auslandseinsatz wie dem in Afghanistan.

Der Autor, Herr Widmer, der selbst einige Zeit in Afghanistan stationiert war, also in jeder Hinsicht weiß, wovon er spricht, hat sich mit großem Engagement, wissenschaftlicher Gründlichkeit und Genauigkeit der Thematik der Ausrüstung, Ausbildung und Betreuung der Bundeswehrsoldaten im ISAF-Einsatz angenommen.

Er hat dabei – leider – Beschämendes zutage gefördert und es ist ihm hoch anzurechnen, dass er sich dennoch erkennbar um eine moderate und neutrale Darstellung der Probleme des Auslandseinsatzes bemüht hat, die auch die, wenn auch oft kläglichen, Verbesserungen würdigt.

Der Deutsche Bundestag hat den Einsatz der Bundeswehr in Afghanistan bzw. seine wiederholte Verlängerung immer wieder mit großer Mehrheit beschlossen. Dass er auch seiner daraus folgenden Verantwortung für die Soldatinnen und Soldaten so gerecht geworden ist, wie es deren Einsatz ihrer Gesundheit und ihres Lebens für Deutschland erfordert hätte, darf nach der Lektüre der nachstehenden Arbeit bezweifelt werden.

Prof. Dr. Kristina Bautze

1. Vorbemerkung

Der Einsatz in Afghanistan im Rahmen der „International Security Assistance Force" (ISAF) ist in vielerlei Hinsicht eine Herausforderung für alle Beteiligten, insbesondere für die Angehörigen der Bundeswehr. Zum einen müssen sich die Soldaten und Soldatinnen für längere Zeit von der Familie trennen, zum anderen kommen sie in ein neues Land mit einer anderen Kultur und extremen klimatischen Bedingungen. Eine der größten Herausforderungen ist jedoch die psychische und physische Belastung eines jeden Einzelnen, in Drucksituationen die richtige Entscheidung zu treffen.

Während meiner achtjährigen Bundeswehrzeit war ich im Jahr 2007 als Unteroffizier für vier Monate im 14. Deutschen Einsatzkontingent in Afghanistan eingesetzt. Mein Einsatzort war das Camp Marmal in der Nähe von Mazar-e-Sharif im Norden des Landes. Zu meinen Aufgaben zählten die Wartung und Instandhaltung von medizinischen Geräten der Camps in Mazar-e-Sharif und Kabul sowie in den Provincial Reconstruction Teams (PRT)[1] Kunduz und Feyzabad. Unsere Arbeitsgruppe (Teileinheit) bestand aus vier Soldaten und einer Soldatin, die die ordnungsgemäße Verwendung und die Einsatzerhaltung der Sanitätsgeräte der Bundeswehr sicherstellte.

Im Laufe des Einsatzes ist mir aufgefallen, dass die Soldaten teilweise nicht nur schlecht ausgebildet und ausgerüstet sind, sondern, dass auch die Betreuung der Soldaten[2] im Auslandseinsatz durch den Dienstherrn verbesserungsfähig wäre. Ich selbst konnte diese Erfahrung machen, auch wenn sie in Art und Umfang nicht so schwerwiegend war, dass ich meinen Auftrag im Einsatz nicht erfüllen konnte. Möglicherweise lag es

---

[1] Die PRT sind verschiedene Einheiten, die den Wiederaufbau der afghanischen Infrastruktur schützen und vorantreiben, vgl. Wohlgethan, OPERATION KUNDUS – Mein zweiter Einsatz in Afghanistan, Berlin, 4.Aufl. 2010, S.316

[2] **Sofern in dieser Arbeit von Soldaten die Rede ist, so ist auch die weibliche Form inbegriffen.**

aber daran, dass ich überwiegend im Camp eingesetzt war, so dass ich mit anderen auftretenden Problemen nicht konfrontiert wurde.

Diese Tatsachen haben mich dazu veranlasst, mich intensiver mit dieser Problematik zu beschäftigen und mir den Impuls gegeben, meine Bachelorarbeit mit dem Thema: „Ausbildung, Ausrüstung und Betreuung der Bundeswehrsoldaten in Afghanistan – eine Analyse der Defizite, Folgeprobleme und Abhilfe" zu verfassen.

2. Einleitung

Der Afghanistaneinsatz der Bundeswehr dauert nunmehr seit über 10 Jahren an. Über 50 deutsche Soldaten verloren ihr Leben in Afghanistan. Die meisten von ihnen starben in Folge von Kriegshandlungen und Anschlägen, aber auch durch eigene Fehler und sogar durch Selbstmord. Viele wurden verwundet oder sind verletzt nach Deutschland zurückgekehrt. Selbstverständlich fordert der Krieg Tote und Verwundete, dennoch stellt sich hier die Frage: Ist die Bundeswehr überhaupt bereit gewesen in so einen Einsatz zu gehen? Es gibt Stimmen, die der Ansicht sind, dass die Planung, Vorbereitung und Durchführung des Einsatzes nicht optimal verlaufen seien. Diese Stimmen gehören den Soldaten, die ihren Dienst fürs Vaterland am Hindukusch ableisten. Wiederzufinden sind sie unter anderem im Wehrbericht des Wehrbeauftragten des Deutschen Bundestages, in autobiografischen Berichten der Soldaten, in denen sie ihre Erfahrungen aus dem Einsatz wiedergeben, aber auch in diversen Zeitschriften und auf Internetplattformen. In den verschiedenen Medien berichten die Soldaten von erheblichen Ausbildungs- und Ausrüstungsdefiziten und von einer mangelnden Betreuung während und nach dem Einsatz. Die vorliegende Arbeit versucht die Probleme der Soldaten im Afghanistaneinsatz zu benennen, die daraus resultierenden Folgen zu erörtern und die abhelfenden Maßnahmen aufzuzeigen.

Zu Beginn der Arbeit werden zunächst allgemeine landeskundliche Informationen dargestellt und weitere wichtige Aspekte des Einsatzes der Bundeswehr in Afghanistan genannt. Der Hauptteil dieser Arbeit gliedert sich in drei Kernbereiche, nämlich die Probleme der Soldaten in der Ausbildung, Ausrüstung und Betreuung. Diese drei Teilbereiche betreffen sehr wichtige Grundlagen, die die Soldaten in den Auslandseinsätzen benötigen, um ihren Auftrag durchzuführen, aber vor allem dienen sie auch der eigenen Sicherheit und der Abwehr von Gefahren für ihr Leib und Leben.

Als Quellen habe ich vorwiegend die Berichte des Wehrbeauftragten des Bundestages aus den Jahren 2002-2012 verwendet sowie diverse autobiografische Berichte von ehemaligen und aktiven Soldaten, die ihren Dienst in Afghanistan leisteten. Im letzten Teil der Arbeit werde ich zusammenfassend der Frage nachgehen, inwieweit die Bundeswehr für den Afghanistaneinsatz gerüstet war und wie risikobehaftet sich dieser darstellte?

3. Die Bundeswehr

„Die Bundeswehr setzt sich aus den Teilstreitkräften: Heer (Landstreit-kräfte), Luftwaffe (Luftstreitkräfte) und Marine (Seestreitkräfte) sowie den Organisationsbereichen: Streitkräftebasis als „Dienstleister" und Zentraler Sanitätsdienst für die medizinische Versorgung zusammen."[3]

3.1 Die Streitkräfte gemäß Artikel 87a Grundgesetz

Gemäß Art. 87a Grundgesetz werden die Streitkräfte, die der Verteidigung dienen vom Bund aufgestellt. Der Begriff der Verteidigung ist heutzutage weiter auszulegen und unterscheidet sich vom ehemaligen Grundgedanken, der sich nur auf die Verteidigung der Landesgrenzen gegen feindliche Angriffe beschränkte. Nunmehr sind die Vermeidung von Konflikten und Krisen zur Wahrung der Sicherheit auf internationaler Ebene von großer Bedeutung und eine der Hauptaufgaben der Bundeswehr. Die globalen Einsätze der Bundeswehr sind durch das Bundesverfassungsgericht und den Deutschen Bundestag legitimiert.[4]

3.2 Der Einsatzbereich der Bundeswehr in Afghanistan

Die Bundeswehr stellt mit ihren Soldaten den drittgrößten Anteil an Einsatzkräften der International Security Assistance Force. Somit leistet die Bundesrepublik Deutschland einen wichtigen Beitrag für die Erreichung der gesetzten Ziele. Eine besondere Verantwortung obliegt der Bundeswehr im Norden des Landes (Regionalkommando Nord), welcher seit dem Jahr 2006 unter der Führung Deutschlands steht.[5]

---

[3] http://www.bundeswehr.de - Portal Streitkräfte
[4] BVerfGE 90, 286,355f.
[5] Vgl. Seiffert, Langer, Pietsch, Der Einsatz der Bundeswehr in Afghanistan – Sozial- und politikwissenschaftliche Perspektiven, Wiesbaden, 2012, S.23

Die Bundeswehr trägt mit der Herstellung und Aufrechterhaltung der Sicherheit zu einem sicheren Umfeld in Afghanistan bei. Die Gewährleistung der Sicherheit ist die Basis, um das Land zu stabilisieren und verschiedene Projekte zu unterstützen und zu fördern, die der Verbesserung der Lebenssituation der Afghanen und dem Ausbau der Infrastruktur dienen.[6]

---

[6] Vgl. Broschüre vom Bundesministerium der Verteidigung, Unsere Bundeswehr in Afghanistan – Für Sicherheit und Frieden, 2009, S.14

4. Allgemeine Informationen

4.1 Das Land Afghanistan

Die islamische Republik Afghanistan befindet sich in Südostasien und ist ein Binnenstaat mit Nachbargrenzen zum Iran, Usbekistan, Turkmenistan, Tadschikistan, Pakistan und zur Volksrepublik China. Die Hauptstadt Afghanistans ist Kabul. Sie hat ca. 3 Millionen Einwohner und ist die größte Stadt im Land. In Afghanistan herrschen extreme klimatische Bedingungen vor. So können die Temperaturen zwischen +50°C im Sommer und -50°C im Winter variieren. Diese Temperaturen stellen eine hohe Belastung für die Soldaten dar und erfordern eine gute technische Ausrüstung. Der größte Teil Afghanistans besteht aus Gebirgen wie dem Hindukusch und ist somit nur schwer zu bewirtschaften. Dennoch ist der Hauptwirtschaftszweig die Landwirtschaft. Sie besteht unter anderem aus Viehzucht und dem Anbau von Mohn. Der Mohnanbau und die damit verbundenen Drogengewinnung ist die Haupteinnahmequelle der Bauern. Der Drogenanbau in Afghanistan macht ca. 90% des globalen Heroingeschäfts aus. Weiterhin ist eine ausreichende Infrastruktur in Afghanistan nicht vorhanden, da es nur wenige befahrbare Straßen gibt, die oftmals auch nur unwegsames Gelände sind. In Afghanistan existieren viele verschiedene Ethnien, wie die Paschtunen, die Hazara, die Turkmenen und die Tadschiken. 99% der in Afghanistan lebenden Menschen sind Muslime. Somit hat die Religion eine fundamentale Bedeutung. Seit dem Jahr 2004 ist Afghanistan eine demokratische Republik mit einem präsidialen Regierungssystem. Der amtierende Präsident ist Hamid Karsai, der bei der Präsidentschaftswahl im Jahr 2009 in seinem Amt bestätigt wurde.[7]

---

[7] Vgl. Kobras, Afghanistan und die NATO – Gefangen im asymmetrischen Krieg, Frankfurt a.M., 2010, S.93 ff.

4.2 Die Terroranschläge vom 11.09.2001 als Auslöser des Bundeswehreinsatzes

Der Grund für das Engagement der Bundeswehr in Afghanistan ist auf die Terroranschläge von Al-Qaida vom 11. September 2001 zurückzuführen. Bei den Anschlägen auf das amerikanische Pentagon und das World Trade Center verloren viele Menschen ihr Leben. Als Reaktion auf diesen terroristischen Akt der Gewalt, rief der NATO-Rat am 12. September 2001 den Bündnisfall aus.[8] Unter der Führung von Osama Bin Laden zogen sich die Terroristen der Al-Qaida ins afghanisch – pakistanische Grenzgebiet zurück, was ausschlaggebend für einen Militärschlag in Afghanistan war.[9] Der damalige Bundeskanzler Gerhard Schröder versprach den USA die uneingeschränkte Solidarität Deutschlands im Kampf gegen den Terrorismus. Das ISAF-Mandat führte dazu, dass die Bundeswehr später in Afghanistan eingesetzt wurde.[10]

4.3 Das Petersberg Abkommen

Mit dem Petersberg Abkommen vom 05.12.2001 wurden mehrere Schritte für die Stabilisierung Afghanistans beschlossen. Hauptsächlich sollte eine Übergangsregierung eingesetzt werden, die im weiteren Verlauf durch demokratische Wahlen ersetzt werden sollte. In Anhang 1 der Petersberg Vereinbarung wurde die Aufstellung einer internationalen Sicherheitstruppe gefordert, die dann schließlich zur Gründung der International Security Assistance Force (ISAF) führte.[11]

---

[8] Vgl. Seliger, Sterben für Kabul – Aufzeichnungen über einen verdrängten Krieg, Hamburg, 2011, S.9

[9] Vgl. Gehrcke, Buchinger, Freyberg, Kebir, Afghanistan – So werden die „neuen Kriege" gemacht Deutschland und der Krieg am Hindukusch, Köln, 2011, S.17

[10] Vgl. Becker, Wulf, Afghanistan, Ein Krieg in der Sackgasse, Berlin, 2.Aufl. 2011, S.15

[11] Vgl. Gehrcke, Buchinger, Freyberg, Kebir, Afghanistan – So werden die „neuen Kriege" gemacht Deutschland und der Krieg am Hindukusch, Köln, 2011, S.19 f.

4.4 Die International Security Assistance Force – ISAF

Zu der International Security Assistance Force (ISAF) gehören alle in Afghanistan stationierten Sicherheitskräfte. Die ISAF wurde 2001 auf „Antrag" der afghanischen Übergangsregierung aufgestellt und steht unter der Führung der „North Atlantic Treaty Organization" (NATO). Der Hauptauftrag der ISAF besteht darin, den afghanischen Staatsapparat mit seinen Organen zu unterstützen und vor allem die Sicherheit aller Beteiligten dieser Mission zu gewährleisten.[12] Legitimiert wurde der ISAF Einsatz durch die Resolutionen 1386 des UNO-Sicherheitsrats.[13]

---

[12] Vgl. Kobras, Afghanistan und die Nato – Gefangen im asymmetrischen Krieg, Frankfurt a.M., 2010, S.110f.
[13] Resolution v. 2012.2001,
http://www.un.org/en/ga/search/view_doc.asp?symbol=S/RES/1386(2001)

5. Der Wehrbeauftragte und sein Jahresbericht

Die Soldaten der Bundeswehr haben oftmals mit Problemen zu kämpfen, die unterschiedliche Ursachen haben. Überwiegend betreffen sie den täglichen Dienstbetrieb im In- und Ausland, den Umgang mit Vorgesetzten, aber auch andere Elemente des Soldatentums, wie etwa Beförderungen oder Laufbahnangelegenheiten. Werden Tatsachen angedeutet, die die Soldaten in ihren Grundrechten verletzen oder die gegen die Grundsätze der inneren Führung verstoßen, benötigen die Soldaten jemanden, der ihnen Gehör verschafft und sich für sie einsetzt. Diese wichtige und hochsensible Aufgabe wird vom Wehrbeauftragten des Deutschen Bundestages wahrgenommen.[14]

Gemäß Artikel 45b Grundgesetz der Bundesrepublik Deutschland dient das Amt des Wehrbeauftragten dem Schutz der Grundrechte der Soldaten. Der genaue Tätigkeitsbereich sowie die ihm zustehenden Befugnisse werden explizit in einem Bundesgesetz, dem Wehrbeauftragten-Gesetz, geregelt.[15]

Ein nicht zu vernachlässigendes Aufgabenfeld des Wehrbeauftragten ist seine Funktion als Ombudsmann der Streitkräfte. Er dient für alle Soldaten und Soldateninnen als Ansprechpartner und unterstützt sie in ihren dienstlichen Belangen.[16]

Der Wehrbericht wird jährlich durch den Wehrbeauftragten und seine Mitarbeiter erstellt. Er umfasst mehrere Teilbereiche, die die Angehöri-

---

[14] Vgl. Wohlgethan, SCHWARZBUCH BUNDESWEHR – Überfordert, demoralisiert, im Stich gelassen, München, 2011, S.142 ff.

[15] Gesetz über den Wehrbeauftragten des Deutschen Bundestages (Gesetz zu Artikel 45b des Grundgesetzes - WBeauftrG) in der Fassung der Bekanntmachung vom 16. Juni 1982 (BGBl. I S. 677), zuletzt geändert durch Artikel 15 Absatz 68 Dienstrechtsneuordnungsgesetz vom 5. Februar 2009 (BGBl. I S. 160); vgl. Jarass, Pieroth, Grundgesetz für die Bundesrepublik Deutschland – Kommentar, München, 2009, 10. Aufl., S. 712 Rn.1

[16] Vgl. www.bundestag.de/bundestag/wehrbeauftragter/aufgaben/index.jsp

gen der Streitkräfte betreffen. Hierbei handelt es sich häufig um die fortschreitende Entwicklung der Truppe und um persönliche Anliegen der Soldaten. Seit Beginn der Auslandseinsätze erreichen den Wehrbeauftragten viele Eingaben bezüglich vorhandener Mängel, was die Ausrüstung, die Ausbildung und die Betreuung betreffen. Diese Probleme sowie die Fortschritte und die entsprechenden eingeleiteten Maßnahmen werden in den Wehrbericht implementiert.[17]

---

[17] Vgl. www.bundestag.de/dokumente/textarchiv/2012/37512824_kw04_wehrbericht/index.html

6. Die Defizite der Bundeswehr in Afghanistan, ihre Folgen und Abhilfe

Die Soldaten der Bundeswehr haben im Einsatz nicht nur mit den Aspekten des asymmetrischen Krieges[18] zu kämpfen, sondern insbesondere auch mit hausgemachten Problemen, zu denen vor allem die mangelhafte technische Ausstattung, die Ausbildung sowie die Fürsorge der Bundeswehrangehörigen gehört. Diese Kernbereiche sind evidente Bestandteile einer Armee, die sich auf Einsätze im Ausland spezialisiert und bilden die Grundlage für eine erfolgreiche Mission. Des Weiteren bieten sie den Soldaten ein großes Maß an Sicherheit, um die an sie gestellten Aufgaben erfolgreich zu bewältigen. Zurückzuführen sind diese Probleme auf sorglose politische Entscheidungen der Bundesregierung und des Parlaments sowie des eingeschränkten Haushalts, aus dem diese Einsätze finanziert werden.[19]

6.1 Der Bereich der einsatzvorbereitenden Ausbildung

Die grundlegenden und wichtigsten Handgriffe, die für den bevorstehenden Einsatz benötigt werden, fallen in den Bereich der einsatzvorbereitenden Ausbildung. In diesen Schulungen lernen die Soldaten einsatzrelevante Fähigkeiten kennen und eignen sich spezielle Kenntnisse auf ihren Fachgebieten an, die sie im Einsatz benötigen und auf die sie jeder Zeit zurückgreifen können müssen. Die Vermittlung der gelehrten Erfahrungen ist von enormer Wichtigkeit für die Soldaten im Umgang mit den in Afghanistan vorherrschenden Situationen und kann sich mitunter als lebenswichtig erweisen. In die einsatzvorbereitende Ausbildung sind

---

[18] In einem allgemeinen Sinn bezeichnet Asymmetrie die Konstellationen, in denen von einer Gleichverteilung der Chancen, zu töten oder getötet zu werden, nicht die Rede sein kann, http://www.spiegel.de/spiegel/print/d-61629800.html

[19] Vgl. Wohlgethan, SCHWARZBUCH BUNDESWEHR – Überfordert, demoralisiert, im Stich gelassen, München, 2011, S.142

viele verschiedene Bereiche integriert. Hierzu zählen unter anderem der landeskundliche Unterricht, die Schusswaffenausbildung und die Ausbildung der Kraftfahrer. Die Vorausbildung wird in unterschiedlichen Lehrgängen absolviert. Diese Seminare sind abhängig von der geplanten Verwendung der Soldaten im Einsatzland.

Die in Bundeswehrkreisen so genannte Basisausbildung und die einsatzbezogene Ausbildung für Krisenmanagement und Konfliktbewältigung (EAKK) ist für jeden Soldaten verpflichtend und lehrt unter anderem die Grundfähigkeiten über Minen- und Kampfstofferkennung, Personen- und Kfz-Überprüfung sowie deeskalierendes Verhalten in bestimmten Einsatzsituationen.[20] Dennoch stellt sich die Frage: Wurden die Soldaten für den Afghanistaneinsatz gut genug ausgebildet? Diese Frage werde ich nun anhand einiger Bereiche analysieren und eventuelle Folgen der unzureichenden einsatzvorbereitenden Ausbildung aufzeigen sowie die getroffenen Abhilfemaßnahmen darstellen.

6.1.1 Die Landeskunde

Ein wesentlicher Bestandteil der Ausbildung, der über Erfolg oder Misserfolg eines Auslandseinsatzes entscheiden kann, ist der Einblick in die Landeskunde. Natürlich müssen allgemeine Punkte zum Land vermittelt werden, wie z.B. Lage, Größe, Einwohnerzahl und das politische System. Jedoch ist es viel wichtiger, auf gewisse Besonderheiten in der Kultur, der Tradition, der Religion und der Weltanschauung hinzuweisen. Diese Besonderheiten können oftmals über nonverbale Kommunikation zum Ausdruck gebracht werden. Demzufolge ist es von grundsätzlicher Bedeutung, bestimmte Mimiken und Gestiken der Menschen im Einsatzland zu interpretieren, um sich dann angemessen verhalten zu können.

---

[20] Vgl. Schwitalla, Afghanistan, jetzt weiß ich erst… - Gedanken aus meiner Zeit als Kommandeur des Provincial Reconstruction Team FEYZABAD, Berlin, 2010, S. 48

Afghanistan ist ein muslimisches Land, das im Gegensatz zu überwiegend christlich geprägten Staaten, eine ganz besondere Ideologie aufweist. Demzufolge ist es unabdingbar, dass alle sich im Einsatz befindlichen Soldaten einen entsprechenden landeskundlichen Unterricht erhalten. Die Vermittlung und spätere Anwendung landestypischer Eigenheiten verschafft den Soldaten einen besseren Zugang zu der Bevölkerung. Dieses „winning of hearts and minds", wie es ein ehemaliger Verteidigungsminister nannte, kann im Vorfeld viele unnötige Probleme verhindern. Dass dem nicht immer so war, bestätigt Artur Schwitalla, der als Kommandeur in Afghanistan eingesetzt war, indem er die nicht breit genug gestreute Landeskunde in der einsatzvorbereitenden Ausbildung anprangerte, da sie oftmals nur den militärischen Führern in ausgiebiger Form vorbehalten war.[21]

Ein einfaches Beispiel verdeutlicht, wie wichtig Vorkenntnisse über das Land Afghanistan und seine Religion sind: Wie auch in Deutschland ist die Familie in der afghanischen Kultur eines der wichtigsten Güter überhaupt. Dennoch unterscheiden sich diese Gemeinschaften sehr stark voneinander. In Afghanistan herrscht eine patriarchisch geprägte Familienform, die der Frau wenig Rechte einräumt. So ist es ihr verboten, sich mit Fremden zu unterhalten oder ohne Begleitung das Haus zu verlassen. Allein die Angewohnheit, einer Frau die Hand zur Begrüßung zu reichen, würde in Afghanistan ungeahnte Folgen für die Frau und für die Beziehung der Soldaten zu den Einheimischen mit sich bringen.[22]

Dass landeskundliche Unterrichtungen auch fehlerorientiert stattfanden, zeigt das Beispiel von Achim Wohlgetan, der für den Afghanistaneinsatz ausgebildet werden sollte und eine Ausbildung über den Kosovo erhielt, aber dennoch nach Afghanistan verlegt wurde.[23]

---

[21] Vgl. Schwitalla, Afghanistan, jetzt weiß ich erst... - Gedanken aus meiner Zeit als Kommandeur des Provincial Reconstruction Team FEYZABAD, Berlin, 2010, S.63 u. S.73

[22] Derselbe, S. 50 ff.

[23] Vgl. Wohlgetan, ENDSTATION KABUL – Als deutscher Soldat in Afghanistan – ein Insiderbericht, Berlin, 2010, S.13

Ein so unhaltbarer Ausbildungsmangel in Vorbereitung auf den anstehenden Auslandseinsatz ist für die Soldaten unakzeptabel, hochgradig gefährlich und steht dem Erreichen des Einsatzzieles entgegen. Um mit den dort lebenden Menschen auf einer Ebene kommunizieren zu können, ist es erforderlich, sich mit den Gepflogenheiten, den Sitten, Bräuchen und Ritualen im Vorfeld auseinanderzusetzen und ihre Kultur zu respektieren.

6.1.2 Die Waffenausbildung

Im Rahmen der Vorausbildung für den Afghanistaneinsatz ist die Waffenausbildung von höchster Priorität. Der sichere Umgang mit der Waffe gibt nicht nur den Soldaten Handlungssicherheit, sondern schützt vor allem ihr Leben und ihre Gesundheit. Nicht selten kommt es vor, dass sich Soldaten über die mangelnde Waffenausbildung für den bevorstehenden Einsatz beschweren. Diese Tatsache wird als sehr kritisch empfunden, da die Soldaten ihre Waffen im Einsatzland immer bei sich tragen.

Dem Wehrbeauftragten des Deutschen Bundestages liegen seit dem Jahr 2005 erste Eingaben von Soldaten vor, die die Waffenausbildung kritisierten. Besonders problematisch ist der Umstand, dass einige Soldaten überhaupt erst in Afghanistan mit ihrer Waffe vertraut gemacht wurden. Aufgrund der Vorortausbildung an den Handfeuerwaffen im Einsatzland bestand für die Soldaten selten die Möglichkeit ein geeignetes Übungsschießen zu absolvieren, was unter anderem auf die schwere Erreichbarkeit von Schießbahnen im Einsatzgebiet zurückzuführen war.[24]

Die Problematik der Waffenausbildung, insbesondere das sogenannte „Einschießen" der eigenen Waffe, wurde erneut im Berichtsjahr 2006 angeprangert. Beispielhaft hierfür war ein in Feyzabad eingesetzter Scharf-

---

[24] Vgl. Unterrichtung durch den Wehrbeauftragten – Jahresbericht 2005, Deutscher Bundestag, Drucksache 15/5000 vom 15.03.2005, S.21 **(im Folgenden immer Jahresbericht genannt)**

schütze, der erst drei Monate nach Einsatzbeginn die Gelegenheit hatte, sein Scharfschützengewehr auf einer anderen Schießbahn am Standort Kunduz einzuschießen. Durch die fehlende Schießbahn in Feyzabad musste ein zwölfstündiger Kfz-Marsch nach Kunduz unternommen werden, der aufgrund der in Afghanistan herrschenden Sicherheitslage sehr risikobehaftet war und eine potentielle Gefahr für die Soldaten darstellte. Eine Verbesserung im Gebiet Mazar-e-Sharif trat mit dem Abschluss eines Nutzungsvertrages für vier Schießbahnen erst im März 2006 ein.[25]

Im darauffolgenden Jahr bemängelten Soldaten die Ausbildung am Maschinengewehr „MG 4" und der Maschinenpistole „MP 7". Die spezielle Waffenausbildung für diese beiden Waffenarten wurde durch eine verminderte Verfügbarkeit in Deutschland erschwert. Angesichts der Tatsache, dass es im Jahr 2008 sowohl in Kunduz als auch in Mazar-e-Sharif zu Unfällen kam, bei denen sich Soldaten beim Umgang mit ihren Handwaffen verletzten[26], lässt sich schlussfolgern, dass es weiterhin großen Bedarf an einer ausreichenden Waffenausbildung gab.

Auch im Jahr 2009 kamen erneute Schwierigkeiten in der Ausbildung am Maschinengewehr „MG 4" und der Maschinenpistole „MP 7" zur Sprache. Nicht nur die unzureichende Ausbildung an diesen Waffenarten wurde beklagt, sondern vielmehr der zu kurz geratene Praxisanteil in Form einer Unterweisung in den Waffen und einem Übungsschießens. Gerade die Sanitäter kamen selten in den Genuss einer Schießausbildung. Beispielhaft war die Eingabe eines Arztes, der in Kunduz eingesetzt war und seine letzte Schießübung im Jahr 1998 absolviert hatte. Weiterhin beschwerten sich die Sanitäter über die nicht vorhandene gemeinsame Ausbildung mit Infanteriekräften. In Konflikt- und Krisensituationen ist es ungemein vorteilhaft, wenn die unterschiedlichen Truppengattungen schon vor dem Einsatz zusammen üben können. Dies dient der Risikom-

[25] Vgl. Jahresbericht 2006, S.17
[26] Vgl. Jahresbericht 2008, S.15

inimierung und kann letztlich auf Patrouillenfahrten über Leben und Tod entscheiden.[27]

Im Jahresbericht 2010 rügten die Soldaten wiederholt die unzureichende Waffenausbildung und die Vorortausbildung im Einsatzland. Besonders kritisch wurde die Situation von den Soldaten gesehen, dass im Inland nicht genügend Waffen und Munition zur Verfügung standen, um den sicheren Umgang mit den Waffen zu üben. Aufgrund der Eingabe der Sanitäter konnte auf dem Gebiet der infanteristischen Ausbildung eine Verbesserung erzielt werden, auch wenn diese noch nicht komplett und zufriedenstellend umgesetzt wurde. Der fehlende Bereich umfasste das Trainieren des gemeinsamen Handelns von Infanteriesoldaten und Sanitätern während eines Gefechtes.[28]

Die Problematik mit den Handwaffen und der Munition bestand auch weiterhin im Jahr 2011. Um den Defiziten dieser Ausbildung entgegenzuwirken, wurden seitens des Dienstherrn Abhilfemaßnahmen veranlasst. Die eingeleiteten Schritte bestanden unter anderem darin, Waffen und Munition zu zentralisieren und zu bewirtschaften (sogenannten „Poolbildung"). Diese Maßnahme führte dennoch nicht zum gewünschten Erfolg und konnte somit nicht zu einer nachhaltigen Verbesserung der Mängel beitragen. Für die knappe Munition wurde ein „Engpassmanagement" eingeführt, dass die Einschränkung in der Schießausbildung beheben sollte. Dennoch kam es zu Munitionsengpässen in verschiedenen Standorten in Deutschland. Angesichts dieser Mängel ist es nicht nachzuvollziehen, warum die Bundeswehr über 227 Millionen Patronen aus alten Beständen seit Beginn der sechziger Jahre hortete. Aufgrund der langen Lagerungszeit der Patronen sind diese teilweise unbrauchbar und mussten in mühseliger Kleinarbeit auf ihre Funktionsfähigkeit geprüft und aussortiert werden. Der Bundesrechnungshof bezifferte den entstandenen Schaden auf etwa 63 Millionen Euro.[29]

---

[27] Vgl. Jahresbericht 2009, S.17
[28] Vgl. Jahresbericht 2010, S.14
[29] Vgl. Jahresbericht 2011, S.16

Für Außenstehende ist dieses Missmanagement schwer nachzuvollziehen. Mit dem dort fehlinvestierten und vergeudeten Geld wäre es wahrscheinlich möglich gewesen, den Soldaten eine vernünftige Waffenausbildung zu finanzieren und die Beschaffung neuer Waffen und Munition voranzutreiben.

Im Jahre 2012 kam es wiederum zu Eingaben von Soldaten betreffend die Mängel in der Waffenausbildung. Auch hier wurde die fehlende Munition für einige Waffenarten thematisiert. Dennoch konnten sich Verbesserungen in diesem Bereich feststellen lassen, auch wenn weiterhin die sogenannte „Engpassbewirtschaftung" angewandt wurde.[30]

Um die Gesamtsituation treffend zu beschreiben, die sich seit Beginn des Einsatzes wie ein roter Faden durch die Berichtsjahre im Bezug auf die Waffenausbildung zieht, zitiere ich nun einen Soldaten, der mehrmals in Afghanistan im Einsatz war und ähnliche Erfahrung machte:

„Zweifellos ist das häufigste Arbeitsgerät eines Soldaten seine Waffe. Und so ist es schon grotesk, dass Soldaten den Wehrbeauftragten des Deutschen Bundestages anschreiben und fast betteln müssen, an ihren Waffen ausgebildet zu werden."[31]

(Achim Wohlgethan)

6.1.3 Die Kraftfahrausbildung

Wie eingangs in der Arbeit erwähnt, ist in Afghanistan kaum eine vernünftige Infrastruktur vorhanden. Das bezieht sich vor allem auf die fehlenden Straßen, die durch unwegsame Landwege ersetzt sind und sich als Hauptverkehrsstraßen durch das gesamte Land ziehen. Diese schlechten Verkehrswege stellen eine große Herausforderung für die Kraftfahrer dar und verlangen eine intensive fahrpraktische und technische Voraus-

---

[30] Vgl. Jahresbericht 2012, S.15
[31] Wohlgethan, SCHWARZBUCH BUNDESWEHR – Überfordert, demoralisiert, im Stich gelassen, München, 2011, S.151

bildung. Hinzukommen können außerdem erschwerte und schwierige Wetterbedingungen wie Sandstürme, die die militärischen Kraftfahrer bezüglich ihrer Fahrfähigkeiten, Konzentration und Erfahrungen mit dem Einsatzfahrzeug stark fordern. Da die Bundeswehr in Afghanistan viele verschiedene Fahrzeugtypen für Patrouillenfahrten einsetzt, ist es von großer Bedeutung, dass die Fahrer in der einsatzbezogenen Vorausbildung exakt in die Bedienung ihrer Einsatzfahrzeuge eingewiesen, geschult und geprüft werden. Das sichere Beherrschen des zugewiesenen Fahrzeugs kann in gefährlichen Situationen über Menschenleben entscheiden.

Im Jahresbericht 2005 des Wehrbeauftragten des Deutschen Bundestages beklagten Soldaten erstmalig die unzureichende Kraftfahrerausbildung für den Einsatz in Afghanistan. Wie wichtig eine solche Vorausbildung mit den geeigneten Fahrzeugen ist, zeigt das traurige Beispiel eines Soldaten, der in Kabul ums Leben kam. Ein entsprechendes Gutachten bestätigte, dass die fehlende Erfahrung des Soldaten im Umgang mit seinem Fahrzeug entscheidend zum Unfall beitrug. Das Bundesministerium der Verteidigung begegnete diesem tragischen Unfall mit dem Erlass der „Teilkonzeption Kraftfahrausbildung" mit dem dazugehörigen Modul „Kraftfahreinsatzausbildung" durch den Generalinspekteur. Seit diesem Erlass wird nun die Kraftfahrausbildung auf geschützten Fahrzeugen für die Auslandseinsätze der Bundeswehr zentral im Vereinte-Nationen-Ausbildungszentrum der Bundeswehr in Hammelburg durchgeführt.[32]

Obwohl durch den Erlass über die „Teilkonzeption Kraftfahrausbildung" mit dem dazugehörigen Modul „Kraftfahreinsatzausbildung" Abhilfemaßnahmen bezüglich der mangelnden Kraftfahrausbildung getätigt wurden, fanden sich im Wehrbericht 2006 dennoch kritische Stimmen zu diesem Thema wieder. So konnte im Jahr 2006 keine adäquate Ausbildung für Personenschützer mit sondergeschützten Fahrzeugen durchgeführt werden, da an den unterschiedlichen Standorten der Bundeswehr keine entsprechenden Fahrzeuge zur Verfügung standen. Auf-

---

[32] Vgl. Jahresbericht 2005, S.21

grund des Todes des Soldaten in Kabul, welcher auf die geringe Erfahrung des Fahrens mit seinem Kraftfahrzeug zurückzuführen war, ist dieser Zustand auch aus Sicht des Wehrbeauftragten nicht zu verantworten.[33]

Weiterhin stellte die ungenügende Ausbildung für die Kraftfahrer auch im Jahr 2007 ein erhebliches Problem dar. Durch die Eingaben der Soldaten hinsichtlich der Kraftfahrausbildung musste der Wehrbeauftragte feststellen, dass immer noch fast 50 Prozent der Soldaten nicht einsatzkonform auf ihre Fahrzeuge hin ausgebildet waren, bevor sie in den Einsatz verlegt wurden. Das betraf vor allem schwere Fahrzeuge der Kategorie FUCHS und DINGO. Eine leichte Verbesserung der Situation konnte durch die Neubeschaffung von Fahrzeugen des Typs DINGO 2 erreicht werden, die nunmehr für Ausbildungszwecke genutzt wurden.[34]

Während sich aus dem Jahresbericht 2008 die Tendenz ableiten lässt, dass man sich der genannten Problematik stetig annahm, so muss dennoch erwähnt werden, dass weiterhin Handlungsbedarf an verschiedenen Fahrzeugtypen hinsichtlich ihrer Beschaffung bestand. So wurde von den Soldaten bemängelt, dass vom Typ WOLF (SSA) zeitweise nur ein Fahrzeug für die Ausbildung vorhanden war. Infolgedessen wurde auch hier eine Unterweisung in das Fahrzeug erst im Einsatzland vorgenommen. Am stärksten hiervon betroffen war vor allem das Heer mit 129 Militärkraftfahrern.[35]

Im Berichtsjahr 2009 wurden dem Wehrbeauftragten wiederkehrend Defizite über die Kraftfahrausbildung dargelegt. Wegen der unzureichenden Verfügbarkeit von Fahrzeugen war diesmal die geringe Anzahl von Ausbildungsstunden ein häufig thematisierter Aspekt, der unbedingt abgestellt werden sollte. Als Folgeerscheinung der nachzuholenden Fahrpraxis, die dann im Einsatzland vollzogen werden musste, kam es zu zahlreichen Unfällen.

---

[33] Vgl. Jahresbericht 2006, S.17
[34] Vgl. Jahresbericht 2007, S.13 und S.15
[35] Vgl. Jahresbericht 2008, S.15

Die Auswirkungen der fehlenden Ausbildung führten sogar dazu, dass einige Soldaten ihre freiwillige Bewerbung für den Afghanistaneinsatz zurückzogen.[36]

Der Wehrbericht aus dem Jahr 2010 spiegelt ähnliche Erkenntnisse aus den Vorjahren wider. So wurde trotz verbesserter Koordinierungsmaßnahmen weiterhin die Kraftfahrausbildung kritisch hinterfragt, zum einen, weil immer noch nicht genügend Fahrzeuge an allen Standorten für die Ausbildung zur Verfügung standen und somit eine vernünftige Einsatzvorbereitung konterkarierten und zum anderen, weil es Probleme in der Zuständigkeit gab, die eine sinnvolle Ausbildungsplanung nicht ermöglichten. Um diesen Defiziten entgegenzuwirken wurde seitens des Verteidigungsministeriums eine hinreichende Anzahl neuer Fahrzeuge für die Kraftfahrausbildung der Soldaten zugesichert.

Ein Beispiel aus dem Jahr 2010 verdeutlicht, wie gefährlich es war, wenn die Soldaten nicht einsatzkonform ausgebildet wurden. So passierte in der Nähe von Kunduz ein Verkehrsunfall bei dem ein Soldat verunglückte, als er mit seinem Fahrzeug von der Straße abkam. Das Fahrzeug vom Typ DINGO war irreparabel beschädigt und es entstand ein Sachschaden von 600.000€. Das Einsatzführungskommando der Bundeswehr bestätigte anschließend, dass unter anderem die mangelnde Erfahrung des Soldaten für diesen Unfall ausschlaggebend war, was wiederum auf die unzureichende Vorausbildung zurückzuführen war. Die erhöhte Gefahrenlage seit dem Jahr 2010, in dem acht deutsche Soldaten bei Anschlägen und in Gefechten ihr Leben verloren und weitere verletzt wurden, macht nochmals die Notwendigkeit einer Verbesserung der Ausbildung der Soldaten auf ihrem Spezialgebiet deutlich.[37]

Auch der Jahresbericht 2011 beinhaltet weiterhin die Kraftfahrausbildung für den Auslandseinsatz in Afghanistan als Schwerpunkt. Die bereits eingeführte „Poolbildung" der Fahrzeuge konnte die fehlende Stückzahl an Fahrzeugen nicht kompensieren. So wurde der Ausbil-

---

[36] Vgl. Jahresbericht 2009, S.17
[37] Vgl. Jahresbericht 2010, S.13 f. und S.30

dungsbedarf an bestimmten Fahrzeugtypen teilweise nur zu 64 Prozent gedeckt oder sogar unterschritten. Um eine realitätsnahe Ausbildung zukünftig zu gewährleisten, sind erneut Beschaffungsmaßnahmen für Ausbildungsfahrzeuge seitens des Bundesministeriums der Verteidigung eingeleitet worden, deren Zulauf sich auf das Folgejahr bezieht.[38] Durch den im Jahr 2011 weiter forcierten Beschaffungsprozess von Ausbildungsfahrzeugen konnte sich im Berichtsjahr 2012 ein positiver Trend für die Ausbildung der Kraftfahrer für den Afghanistaneinsatz vermelden lassen. Das Verteidigungsministerium hat mit seinen Abhilfemaßnahmen die Qualität der Kraftfahrausbildung gesteigert und somit dazu beigetragen, dass seit August 2011 kein deutscher Soldat mehr gefallen ist. Die weiterhin bestehenden Mängel wie die Anzahl der einsatztauglichen Fahrzeuge im In- und Ausland, geben auch künftig Anlass für eine stetige Verbesserung und Optimierung der einsatzbezogenen Vorausbildung.[39]

Die durchgängig aufgeführten Mängel in der Ausbildung für die Militärkraftfahrer seit dem Jahr 2005 machen es erforderlich darüber nachzudenken, ob die Soldaten im Zuge ihrer Auslandsverwendung gut genug ausgebildet wurden und werden. Die Beschaffungsprozesse, um die Ausbildungsdefizite zu bereinigen, sind viel zu zeitaufwendig und bedürfen der schnellstmöglichen Optimierung. Das seit Jahren bekannte Problem der fehlenden Menge an Fahrzeugen für Ausbildungszwecke darf nicht zu Lasten der Soldaten gehen. Es ist tragisch und unverständlich, dass aufgrund der schon lange ausgewiesenen Ausbildungsmängel Soldaten noch im Jahr 2010 verletzt wurden oder erheblichen Sachschaden anrichteten. Auch wenn in den letzten Jahren Verbesserungen eintraten und der Trend in die richtige Richtung weist, so bleibt abzuwarten, ob der Bedarf in naher Zukunft ausreichend gedeckt werden kann.

---

[38] Vgl. Jahresbericht 2011, S.15 f.
[39] Vgl. Jahresbericht 2012, S.15

6.1.4 Die Patchwork-Ausbildung

Ein sehr wichtiger Aspekt um in Gefahrensituation richtig handeln zu können, ist das Vertrauen eines jeden Soldaten in die Zusammenarbeit mit seinem Team. Dieses Vertrauen entsteht durch gegenseitiges Kennenlernen im Tätigkeitsbereich und bildet die Basis für einen erfolgreichen Einsatz.

In der einsatzvorbereitenden Ausbildung wird selten auf die zukünftigen und feststehenden Teams im Auslandseinsatz reagiert. Die Soldaten werden auf unterschiedliche Lehrgänge geschickt, die zu unterschiedlichen Zeiten stattfinden. Die Folge der hier bestehenden Patchwork-Ausbildung ist, dass sich die Soldaten erst im Einsatzland kennenlernen. Dadurch leidet nicht nur die Handlungssicherheit, sondern vor allem auch die Vertrauensbasis der Soldaten untereinander. Gerade bei Fahrzeugbesatzungen, die täglich miteinander ihren Dienst versehen, wie zum Beispiel bewegliche Arzttrupps, ist es von erheblicher Bedeutung, dass diese bereits im Vorfeld des Einsatzes aufeinander abgestimmt sind, um ihre Stärken und Schwächen zu erkennen und dann ihre Defizite beheben zu können. Auch wenn die Lösung des Problems der Patchwork-Ausbildung enormen logistischen Aufwand erfordert, so zeigen doch die kanadischen Streitkräfte, die ihren Einsatzverband geschlossen vorbereiten, dass es möglich ist, die Ausbildungsplanung der Soldaten zu optimieren.[40] Ein vor dem Einsatz stattfindendes Kennenlernen auf den entsprechenden Lehrgängen ist nicht nur für die Handlungssicherheit von großem Vorteil und vermindert so das Risiko falscher Reaktionen in Stresssituationen, sondern gibt den Soldaten auch ein Gefühl der Sicherheit, nicht allein in den Einsatz zu gehen, da oftmals bereits während dieser Schulungen Freundschaften entstehen. Durch die gezielte zusammenführende Ausbildung der Soldaten kann zudem die Trennung von der Familie erleichtert werden.

---

[40] Vgl. Jahresbericht 2010, S.14

6.1.5 Die Sprachkompetenz

Im Rahmen der ISAF-Mission (Stand 01.08.2013) sind derzeit 49 Nationen mit ihren Streitkräften am Afghanistaneinsatz beteiligt.[41] Die unterschiedlichen Sprachen dieser Staaten verlangen eine einheitliche Verständigung. Die für alle Truppen geltende Sprache in Afghanistan ist Englisch. Das stellt hohe Anforderungen an die Sprachkompetenz der Soldaten auf den jeweiligen Dienstposten. Um Probleme zu vermeiden, die durch mangelnde Fremdsprachenkenntnisse hervorgerufen werden, muss im Zuge der einsatzvorbereitenden Ausbildung die Sprachausbildung gefördert werden.

Erstmalig wiesen Soldaten im Jahr 2004 auf ein fehlendes Angebot zum Erweitern der Schulkenntnisse und Vertiefen der Fremdsprachenkenntnisse hin.[42] Wenngleich in den Folgejahren nicht mehr explizit auf die mangelnde Sprachausbildung eingegangen wurde, so zeigte sich im Jahr 2008 wiederum, dass es weiterhin Bedarf in der Vermittlung der Sprachkenntnisse gab. Ein Beispiel, das diesen Umstand belegt, ist die Einplanung eines Soldaten, der im Rescue Coordination Center (RCC) in Kabul vorgesehen war, obwohl der Soldat die dafür benötigten Fremdsprachenkenntnisse nicht vorweisen konnte. Der für den Dienstposten dringend benötigte Sprachkurs wurde aufgrund der Zeitknappheit bis zum Einsatzbeginn abgelehnt. Gerade auf Planstellen in multinationalen Stäben sind ausreichende Fremdsprachenkenntnisse für die Bewältigung der Einsatzaufgabe absolut unentbehrlich. Weiterhin verhindert das Beherrschen der festgelegten Kommandosprache ein Ausgrenzen aus der Gemeinschaft. Die Personalpolitik einiger Disziplinarvorgesetzter führte häufig zu Klagen der Soldaten, weil ihnen die Teilnahme an weiterbildenden Sprachkursen verwehrt wurde. Dies betraf oftmals Soldaten der älteren Generation, die keine Pflichtsprachenausbildung absolviert hatten.[43]

---

[41] http://www.nato.int/isaf/docu/epub/pdf/placemat.pdf
[42] Vgl. Jahresbericht 2004, S.26
[43] Vgl. Jahresbericht 2008, S.16

6.1.6 Die ausbildungskonforme Verwendung des Personals

Jeder Dienstposten der Bundeswehr im Einsatzland fordert unterschiedliche Leistungen, Eignungen und Qualifikationen. Die Soldaten haben entweder vor der Bundeswehrzeit eine zivile Ausbildung abgeschlossen oder während ihrer Dienstzeit als Soldat ihre berufliche Qualifikation absolviert. Demzufolge werden sie meistens auch in ihren speziellen Funktionen eingesetzt. Bei der Einplanung der Soldaten für den Auslandseinsatz wird diese erlernte Tätigkeit mit berücksichtigt und der Soldat wird entsprechend seiner Verwendung eingesetzt.

Dass es dennoch Fehleinplanungen hinsichtlich der Verwendung auf einigen Dienstposten gab, wird aus dem Jahresbericht 2006 des Wehrbeauftragten ersichtlich. Hier beanstandeten die Soldaten, dass sie entweder nicht über die benötigten Qualifikationen verfügten, um ihren Dienstposten fehlerfrei besetzen zu können oder ihnen wichtige Einweisungen in ihrem neuen Aufgabengebiet vorenthalten wurden. Aufgrund dieser Umstände kam es häufig vor, dass die Soldaten nicht mehr ihren für sie eigens bestimmten Dienstposten besetzten, sondern ein Dienstposten geschaffen wurde, der den Fähigkeiten des Soldaten entsprach. Die Folge der Fehleinplanung der Soldaten sind dann Personalrotationen, die diese Missstände dann beheben. Das Fehlen von Einweisungen und Ausbildungsabschnitten kann für die Soldaten ebenfalls zu Komplikationen in der Ausübung ihres Dienstes führen. Die hohe Anschlagsgefahr in Afghanistan erfordert normalerweise von jedem Arzt eine notfallmedizinische Ausbildung. Gleichwohl wird seitens des Dienstherrn nicht verlangt, dass ein Sanitätsoffizier über so eine besondere Ausbildung verfügen muss, wenn er als Arzt in einem Landtransportbegleittrupp eingesetzt wird. Die Auftragslage außerhalb der geschützten Lager ist sehr risikobehaftet. Daher muss eine ordentliche medizinische Versorgung zu jeder Zeit gewährleistet sein.[44]

---

[44] Vgl. Jahresbericht 2006, S.16

Im darauffolgenden Jahr (2007) wurden erneut Soldaten in den Einsatz geschickt, die keine dienstpostengerechte Ausbildung erhalten hatten. Beispielgebend hierfür sollte die Verwendung eines Stabsarztes als Sanitätsoffizier sein, der den erforderlichen Lehrgang „SanPersMedevac" unter Hinweis auf seine identische Verwendung im Kosovo nicht absolvierte.[45]

Die im In- und Ausland eingesetzten Soldaten können ihren Auftrag nur erfüllen, wenn sie die dafür benötigten Qualifikationen besitzen. Gerade in Afghanistan ist ein fehlerfreies Arbeiten unerlässlich. Die Fürsorgepflicht des Dienstherrn gebietet es, dafür Sorge zu tragen, dass die Soldaten dienstpostengerecht ausgebildet und eingesetzt werden.

6.1.7 Die Fernmeldeausbildung

Jeder große Verband an Streitkräften muss genauestens koordiniert werden. Die Fernmeldetrupps der Bundeswehr ermöglichen die Kommunikation durch verschiedene technische Medien. Sie stellen den Kontakt unter den einzelnen Einheiten her und betreuen diesen im gesamten Einsatzgebiet. Für den Betrieb und die Aufrechterhaltung sind Fernmeldeausbildung und Schulungen von hoher Bedeutung.

Dennoch wurde auch die Fernmeldeausbildung für den Einsatz in Afghanistan im Jahr 2003 von den Soldaten kritisiert. Mangelnde praktische Erfahrung im Umgang mit dem Fernmeldegerät wurde erst nach Beschwerden einzelner Soldaten durch kurzfristige Schulungen behoben.[46] Im Folgejahr klagten Soldaten in Kunduz darüber, dass die Ausbildung an den Funkgeräten nicht in ausreichendem Maß stattgefunden hat. So wurde die Funkgeräteausbildung nur auf das Zeigen des Gerätes beschränkt, ohne weiter auf die Handhabung und Funktionsweise einzugehen.[47] Weiterhin zeigte sich im weiteren Verlauf des Afghanistanein-

---

[45] Vgl. Jahresbericht 2007, S.15
[46] Vgl. Jahresbericht 2003, S.20
[47] Vgl. Jahresbericht 2004, S.25

satzes, dass die in der Ausbildung verwendeten Funkgeräte der Bundeswehr nicht mit denen im Einsatzland kompatibel sind. So werden die Soldaten im Inland an den Fernmeldegeräten der Bundeswehr ausgebildet, die jedoch nicht den für den Einsatz benötigten NATO-Standard aufweisen. Durch die unterschiedliche Handhabung und Verfahrensweise der Bundeswehr- und NATO-Geräte wird somit eine konkrete Einweisung erst im Einsatzland möglich.[48]

Mit der Zunahme der Anschlagsgefahr und möglicher Hinterhalte bedarf es einer einwandfreien Kommunikation der einzelnen Verbände, Truppen und Gruppen. Die Bedienung und das fehlerfreie Benutzen dieser Fernmeldegeräte basiert auf eine ordnungsgemäße und verständliche Vorausbildung. Die Soldaten müssen nicht nur den ständigen Kontakt untereinander sicherstellen, sondern vor allem müssen sie in Gefahrsituationen jederzeit in der Lage sein, die Fernmeldegeräte einzusetzen, um Hilfe herbeirufen zu können.

6.2 Der Bereich der Einsatzausrüstung

„Das alles ist einfach ein Drama, und das demotiviert die Leute natürlich schon sehr."[49]

(Hellmut Königshaus)

Diese Aussage stammt vom derzeitigen Wehrbeauftragten der Bundesregierung, Hellmut Königshaus, zu den Ausrüstungsmängeln der deutschen Soldaten in Afghanistan und ist bezeichnend für die Situation der Bundeswehr im Auslandseinsatz. Auch der ehemalige Generalinspekteur der Bundeswehr, Harald Kujat, äußerte sich hinsichtlich der Ausrüstung mit ähnlichen Worten.

---

[48] Vgl. Jahresbericht 2010, S.14
[49] http://www.focus.de/politik/deutschland/verteidigung-ausruestungsmaengel-wehrbeauftragter-schlaegt-alarm_aid_533367.html

„Die jungen Soldateninnen und Soldaten werden von einer Nation geopfert, die ihnen alles an nötiger Technik zur Verfügung stellen könnte."[50]

(Harald Kujat)

Die Soldaten, die ihren Dienst in Afghanistan ableisten, müssen nicht nur gut ausgebildet werden, sondern sie müssen sich auch auf ihre Ausrüstung zu 100 Prozent verlassen können. Die von der Bundeswehr gestellte Ausrüstung muss den örtlichen Gegebenheiten angepasst sein und in ausreichendem Maße zur Verfügung stehen. Die zitierten Aussagen von Königshaus und Kujat deuten darauf hin, dass erhebliche Defizite an der Ausrüstung der deutschen Soldaten in Afghanistan bestehen. Dies wiederum veranlasst mich zu den Fragestellungen: Sind die Bundeswehrsoldaten gut genug für den Auslandseinsatz am Hindukusch ausgerüstet und ist es nicht eine Zumutung, sich als deutscher Soldat in diese Krisengebiete zu begeben? Wie verantwortungsbewusst geht die deutsche Regierung mit den Soldaten um, wenn sie diese in die Krisengebiete schickt?

6.2.1 Die persönliche Ausrüstung

Die Anzugsordnung der Bundeswehr ist in der Zentralen Dienstvorschrift (ZDv) 37/10 geregelt und für jeden Soldaten bindend. Das Tragen eines einheitlichen Anzugs symbolisiert mitunter das Zusammengehörigkeitsgefühl der Soldaten und dient der Bewahrung der Einsatzfähigkeit.[51] Weiterhin gehören zur persönlichen Ausrüstung Gegenstände, die die Soldaten für den täglichen Dienstbetrieb im In- und Ausland benötigen. Hierzu zählen beispielsweise der Helm, der Rucksack und die Stiefel. Um den in Afghanistan vorherrschenden klimatischen Bedingungen Rechnung zu tragen, wird die persönliche Ausrüstung dementsprechend

---

[50] http://www.focus.de/politik/ausland/konflikte-tod-nahe-kundus-klage-ueber-aus bildungsmaengel_aid_495923.html

[51] Vgl. Stockfisch, DER REIBERT – Das Handbuch für den deutschen Soldaten, Berlin 2012, S.162

angepasst. Dennoch berichten Soldaten vermehrt über Defizite in diesem Bereich.

Als problematisch stellte sich die Situation um die persönlich Ausrüstung durch Eingaben im Berichtsjahr 2004 dar. Hier wurde erstmalig bekannt, dass sich die Soldaten für die unterschiedlichen Auslandseinsätze auf eigene Kosten Ausrüstungsgegenstände besorgten.[52] Im weiteren Verlauf des Einsatzes erreichten den Wehrbeauftragten des Deutschen Bundestages immer wieder Klagen hinsichtlich der optimierungsbedürftigen Ausrüstung. So kritisierten Soldaten im Jahr 2007, dass sie sich geeignete Kälteschutzbekleidung für ihre Patrouillentätigkeit kaufen mussten. Weiterhin organisierten sich die Soldaten zweckmäßig gestaltete Pistolenholster, da diese aufgrund der Haushaltssituation erst im Jahr 2010 hätten beschafft werden können.[53]

Die in den Vorjahren bemängelte persönliche Ausrüstung der Soldaten war auch im Berichtsjahr 2008 ein erneuter Kritikpunkt. So waren die Soldaten aufgrund von Lieferschwierigkeiten dazu angehalten, sich Tragesysteme als Taschenersatz für die neue Schutzwesten „IdZ" auf eigene Kosten anzuschaffen. In Bezug auf die nicht vorhandene Kälteschutzbekleidung und die ungeeigneten Pistolenholster konnten dennoch Verbesserungen erwirkt werden. Den Soldaten wurden kurzfristig neue Holster zur Verfügung gestellt und für das darauffolgende Jahr eine neue zweckoptimierte Kälteschutzjacke in Aussicht gestellt.[54]

Nicht nur militärische Auseinandersetzungen mit Aufständischen bedrohen die Sicherheit und Gesundheit der Soldaten in Afghanistan, sondern vor allem Landminen, die noch aus vorherigen Kriegen stammen.[55] Im Hinblick auf die Gefahr, die von Minen und Sprengfallen ausgeht, müssen gerade die spezialisierten Kräfte der Kampfmittelbeseitigung

---

[52] Vgl. Jahresbericht 2004, S.27
[53] Vgl. Jahresbericht 2007, S.16
[54] Vgl. Jahresbericht 2008, S.17
[55] Vgl. Schwitalla, Afghanistan, jetzt weiß ich erst… - Gedanken aus meiner Zeit als Kommandeur des Provincial Reconstruction Team FEYZABAD, Berlin, 2010, S.69

geeignete Bekleidung zur Verfügung gestellt bekommen. An eben dieser entsprechenden Bekleidung zur Wahrnehmung ihrer Aufgaben fehlt es aber. Unter die Kritikpunkte der Soldaten fallen im Jahr 2010 vor allem der Mangel an dringend benötigter Nässeschutzbekleidung sowie an Schutzwesten. Die anhaltenden Probleme in Bezug auf die persönliche Ausrüstung veranlassten die Soldaten weiterhin sich verschiedene Ausrüstungsgegenstände auf eigene Kosten zu besorgen. So kam es nicht selten vor, dass sich die Soldaten privat für 1000 Euro Einsatzbekleidung beschafften.[56]

Das Berichtsjahr 2011 liefert erneut Negativaspekte im Bereich der persönlichen Ausrüstung. Die Soldaten beschafften sich weiterhin einige Teile der Ausrüstung auf eigene Kosten. Die Abhilfemaßnahmen der Bundesregierung unterlagen oftmals einer langen Zeitverzögerung. So wurde die Auslieferung von neuen Jacken und Hosen für die Einsatzsoldaten erst ein halbes Jahr später als geplant realisiert. Als problematisch erwies sich die Tatsache, dass die einzelnen Ausrüstungsgegenstände nicht aufeinander abgestimmt waren. Mitunter waren die Seitentaschen der Feldhosen zu klein, um das vorgesehene Verbandsmaterial in ihnen zu verstauen. Die Schutzweste „Infanterie" war so groß und schwer, dass sie nicht nur die Bewegungsfreiheit der Soldaten einschränkte und behinderte, sondern aus heutiger Sicht für Fahrzeugbesatzungen gänzlich ungeeignet ist, da sie nicht für das Tragen in den Einsatzfahrzeugen entworfen wurde.

Das Bundesministerium der Verteidigung hat die Defizite in den verschiedenen Bereichen der persönlichen Ausrüstung erkannt und einen sogenannten Warenkorb zur bedarfsorientierten Bereitstellung angekündigt.[57] Bestätigt werden die geschilderten Probleme unter anderem von Feldwebel Andreas O., der sich für seinen Einsatz in Afghanistan zwei

---

[56] Vgl. Jahresbericht 2010, S.14 f.
[57] Vgl. Jahresbericht 2011, S.18

Combat-Shirts, einen Helm, neue Stiefel und ein Chest-Rig[58] für etwa 1000 Euro selbst beschafft hat.[59]

Der Jahresbericht 2012 zeigt auf, dass die eingeleiteten Verbesserungen im Bereich der persönlichen Ausrüstung noch nicht abgeschlossen sind, aber weiter forciert werden. Als positiv ist zu bewerten, dass für die Soldaten 1000 neue Schutzwesten bereitgestellt wurden. Der im Jahr zuvor angekündigte Warenkorb wurde eingeführt, aber beinhaltet derzeit noch wenige Artikel. Die Schutzweste „Infanterie" wird überarbeitet und an die gebräuchlichen Umstände angepasst.[60]

Die persönliche Ausrüstung der Bundeswehrsoldaten ist unweigerlich und unverzüglich an die örtlichen Gegebenheiten und Auftragslage anzupassen. Die Bundesrepublik Deutschland schickt die Soldaten in den Einsatz nach Afghanistan und ist somit für die Bereitstellung der Einsatzausrüstung verantwortlich. Es ist unerklärbar, dass sich Soldaten bestimmte Ausrüstungsgegenstände auf eigene Kosten beschaffen müssen, um ihren Auftrag in hoher Qualität erledigen zu können. Die Begründung der unzureichenden Haushaltmittel ist nicht akzeptabel! Gerade bei sicherheitsrelevanten Gegenständen, wie Schutzwesten, ist es nicht nachzuvollziehen, dass diese erst zum Einsatzende hin bereitgestellt werden. Dennoch ist die Eigenverantwortung der Soldaten hoch zu bewerten, da sie mit den eigenständig organisierten Ausrüstungsgegenständen zur Problemlösung in diesem Bereich beitragen. Eine stetige Verbesserung von Defiziten erscheint mir logisch und unverzichtbar, dennoch stellt sich für mich die Frage, ob es sinnvoll ist, zum Ende des Einsatzes noch weitere Millionen Euro in Ausrüstung zu investieren?

---

[58] Ein Chest-Rig ist eine Art Tragevorrichtung mit Taschen für Munition und andere Gegenstände, vgl. Der Spiegel: „Bedrohliche Druckknöpfe", Ausgabe Nr. 46 vom 14.11.2011, S.30
[59] Ebenda
[60] Vgl. Jahresbericht 2012, S.18 f.

6.2.2 Die geschützten Fahrzeuge

Im Norden Afghanistans besteht noch heute eine hohe Gefahr, die von Minen ausgeht. Weiterhin steigt die Anzahl der Übergriffe durch Anschläge mit Raketen, Mörsern und Improvised Explosive Devices (IED) auf die NATO-Kräfte. [61] Deshalb gehört es zu den dringenden Erfordernissen, dass den Soldaten ausreichend geschützte Fahrzeuge zur Verfügung gestellt werden. Die Sicherheit der Soldaten bei der Ausführung ihres Auftrags muss absoluten Vorrang haben.

Die ersten Klagen über das Einsetzen ungeschützter Fahrzeuge erreichten den Wehrbeauftragten im Jahr 2002. Betroffen waren die Einsatzkräfte des Bataillons Operative Informationen, denen jedoch schnell durch gezielte Abhilfemaßnahmen gepanzerte Radfahrzeuge zur Verfügung gestellt wurden.[62] Am 29. Mai 2003 ereignete sich ein Unfall, bei dem ein Kraftfahrer mit seinem Fahrzeug vom Typ „WOLF" bei einem Ausweichmanöver auf eine Mine fuhr und tödlich verunglückte. Sein Beifahrer erlitt bei diesem Unfall schwere Verletzungen.[63]

„Wir hoffen, dass sie am Leben bleiben"[64]
(Peter Struck)

Mit diesen Worten beschrieb der damalige Verteidigungsminister, Peter Struck, den Zustand der schwerverletzten Soldaten, die bei einem Anschlag auf einen ungeschützten Bus der Bundeswehr in Kabul verunglückten.[65] Der 07. Juni 2003 war einer der schwersten und verlustreichs-

---

[61] Vgl. Schöningh, Wegweiser zur Geschichte - Afghanistan, Kapitel I, Paderborn, 2009, S.102

[62] Vgl. Jahresbericht 2002, S.21

[63] Vgl. Jahresbericht 2003, S.21

[64] www.spiegel.de/politik/ausland/afghanistan-vier-bundeswehr-soldaten-getoetet-a-252046.html

[65] Vgl. ebd.

ten Tage der Bundeswehr in Afghanistan. An diesem Tag wurden 4 deutsche Soldaten bei einem Sprengstoffattentat getötet und 29 weitere teilweise schwer verletzt.[66]

Die Tatsache, dass der Bus nicht gepanzert war, veranlasste den Spiegel zu der Frage, ob es nicht leichtsinnig gewesen sei, die Soldaten angesichts der unsicheren Lage so zu transportieren? Der Verteidigungsminister entgegnete auf diese Frage, dass es keinerlei Indizien für einen Anschlag gegeben hätte und somit keine fahrlässige Handlung vorlag.[67] Dennoch wurden aufgrund des tragischen Ereignisses die Sicherheitsvorkehrungen erhöht. Seither werden Transporte zwischen dem Lager in Kabul und dem Flughafen Kabul nur noch mit geschützten Fahrzeugen unterschiedlicher Klassen durchgeführt. In Anbetracht der erhöhten Sicherheitslage und der vermehrten Unfälle, die sich durch Sprengstoffanschläge oder durch Minen ereigneten, führte die Bundeswehr einen „Einsatzbedingten Sofortbedarf" ein, der einen Mindestschutz für die Soldaten gewährlisten sollte. Hierunter fielen die Nachrüstung eines modularen Splitterschutzes am Fahrzeug vom Typ „WOLF", die Erweiterung des Minenschutzes an diversen Kampf- und Schützenpanzern sowie die Beschaffung von neuen gepanzerten Fahrzeugen vom Typ „DINGO 1". Für die unterschiedlichen Einsatzgebiete in Afghanistan sind weitere geschützte Fahrzeuge in Vorbereitung. Sobald die Haushaltssituation es zulässt sollen die geplanten Maßnahmen verwirklicht werden.[68]

Ungeachtet des tragischen Ereignisses in Kabul, wurden trotzdem weitere Transporte mit ungepanzerten Fahrzeugen im Bereich des PRT Kunduz durchgeführt. Nachdem sich ein Soldat über diese Situation beklagte, wurde dieser Mangel abgestellt und dem PRT Kunduz neue geschützte Transportfahrzeuge zugeführt.[69] Trotz der eingeleiteten Abhil-

---

[66] Vgl. Jahresbericht 2003, S.21

[67] www.spiegel.de/politik/ausland/afghanistan-vier-bundeswehr-soldaten-getoetet-a-252046.html

[68] Vgl. Jahresbericht 2003, S.21

[69] Vgl. Jahresbericht 2004, S.26

femaßnahmen bezüglich der geschützten Fahrzeuge offenbarte sich ein anderes Problem. Die in den Jahren zuvor verwirklichten Schutzmaßnahmen am Fahrzeugtyp „WOLF" führten zu einer erheblichen Materialermüdung durch Brüche der Achsen und Radaufhängungen, die aus dem hohen Zusatzgewicht der Panzerung resultieren. Die Folge daraus waren Fahrzeugausfälle die erst nach mehreren Wochen behoben werden konnten.[70]

Im Berichtsjahr 2006 machte der Kommandeur des 10. Deutschen Einsatzkontingents ISAF deutlich, dass es der Bundeswehr weiterhin an ausreichender Anzahl geschützter Fahrzeuge für den Afghanistaneinsatz fehle. Die Beschaffungsprobleme der benötigten Einsatzfahrzeuge liegen oftmals an den fehlenden Haushaltsmitteln, was das Beispiel der Einführung des Lastkraftwagens „MULTI" belegt. Von der Bedarfsermittlung bis hin zur Umsetzung und dem Zulauf der Fahrzeuge vergehen mitunter 10 Jahre.[71]

In den Folgejahren konnte die weiterhin unzureichende Stückzahl an geschützten Fahrzeugen für Patrouillenfahrten vom Typen „EAGLE IV" durch gemeinsame Anstrengungen des Bundesverteidigungsministeriums und des Verteidigungsausschusses erhöht werden. Insbesondere die Beschaffung von neuen Fahrzeugen vom Typ „DINGO" führte zu einer stetigen Verbesserung der Ausstattung.[72]

Im Bereich Kunduz wurden trotz der hohen Gefahrenlage durch Sprengfallen im Jahr 2008 weiterhin Patrouillenfahrten mit leichtgepanzerten Fahrzeugen durchgeführt, was in einem weiteren Fall zum Tod eines deutschen Soldaten führte.[73] Auch wenn die Probleme der ungeschützten Fahrzeuge in den vorangegangen Jahren zum Teil behoben wurden, so gingen im Jahr 2009 erneute Beschwerden an den Wehrbeauf-

---

[70] Vgl. Jahresbericht 2005, S.21
[71] Vgl. Jahresbericht 2006, S.17
[72] Vgl. Jahresbericht 2008, S.17
[73] Vgl. Seliger, Sterben für Kabul – Aufzeichnungen über einen verdrängten Krieg, Hamburg, 2011, S.87

tragten. So kritisierten einige Soldaten der Fernmeldetruppe, dass sie ihren Dienst in Fahrzeugen mit ungenügendem Minenschutz ausüben. In Feyzabad fuhr ein Ermittlertrupp zu einem Verdachtsort, an dem ein Sprengkörper vermutet wurde. Diese Fahrt fand mangels des Vorhandenseins an geschützten Fahrzeugen mit einem nur leichtgeschützten Fahrzeug vom Typ „WOLF" statt. Weiterhin beklagten Brandschutzkräfte, dass sie die tägliche Fahrt vom PRT Kunduz zum zwei Kilometer entfernten Flughafen in ungepanzerten Fahrzeugen zurücklegen, obwohl, laut dem Wehrbericht 2004, in diesem Bereich bereits Abhilfemaßnahmen getätigt wurden. Nach eingehender Analyse durch die zuständige Fachaufsicht wurden diese Fahrten verboten.[74]

Obwohl sich der Fuhrpark an geschützten Fahrzeugen in Afghanistan beständig vergrößert hat, fehlte es dennoch im Jahr 2010 an einigen geeigneten Spezialfahrzeugen, wie beispielsweise im Bereich der Kampfmittelbeseitigung. Auch die an Flugplätzen benötigten Feuerlöschfahrzeuge waren nicht in ausreichendem Maße vorhanden. Weitere Aufgaben, die für Fahrzeuge mit einer hohen Schutzklasse vorgesehen waren, wurden behelfsmäßig mit leicht gepanzerten Fahrzeugen durchgeführt.[75]

Dass nicht nur die zum Teil fehlende Schutzausrüstung der Kraftfahrzeuge zu schwerwiegenden Unfällen und riskanten Situationen führte, zeigt der Tod eines 33-jährigen Oberstabsarztes am 15. April 2010, der infolge eines Angriffes der Taliban auf einen Bundeswehr-Lkw vom Typ „YAK" ums Leben kam. Ausschlaggebend hierfür war die Tatsache, dass bei dem Feuerüberfall auf den Lkw eine Druckluftleitung getroffen wurde, was dann ursächlich dazu führte, dass das Fahrzeug bewegungsunfähig war und somit eine leichte Zielscheibe für die Aufständischen bot. Die dort nachgewiesenen Mängel des Fahrzeuges wurden bereits Anfang des Jahres gemeldet, aber bis zu diesem schicksalhaften Ereignis nicht abgestellt.[76]

---

[74] Vgl. Jahresbericht 2009, S.18
[75] Vgl. Jahresbericht 2010, S.15
[76] www.spiegel.de/panorama/gesellschaft/bundeswehrbericht-soldaten-starben-

Um die Gesamtsituation nochmals zu verbessern, waren seitens des Verteidigungsministeriums weitere Abhilfemaßnahmen eingeleitet worden. Unter anderem waren für die folgenden zwei Jahre neue Beschaffungen diverserer Fahrzeugklassen geplant. Ein hochgefährlicher Umstand bestand darin, dass weiterhin der Kampfmittelbeseitigungstrupp kein geschütztes Fahrzeug für seine Aufgabe „Route Clearance" zur Verfügung hatte. Die Kampfmittelbeseitiger setzten sich bei der Erledigung ihrer Aufgabe unnötigen Gefahren durch Beschuss aus, da sie für das Aufklären und Räumen der Sprengfallen und sonstigen Kampfmittel ihre Fahrzeuge verlassen mussten. Im Vergleich dazu operieren die amerikanischen Streitkräfte mit eigens dafür entwickelten Fahrzeugen vom Typ „BUFFALO" und „HUSKY" und tragen somit zum Eigenschutz ihrer Soldaten bei.[77]

Im Jahr 2011 standen der Bundeswehr 1212 geschützte Fahrzeuge unterschiedlicher Schutzgrade zur Verfügung. Dies bestätigte den positiven Trend der eingeleiteten Abhilfemaßnahmen in diesem Bereich. Dennoch wurde im Zuge eines Truppenbesuches durch den Wehrbeauftragten festgestellt, dass weiterhin erhebliche Sicherheitsdefizite durch bauartbedingte Mängel bestanden, die, wie zuvor erwähnt, zum Tode eines Soldaten im Jahr 2010 führten. Die Ankündigung des Bundesministeriums der Verteidigung, diese Fahrzeuge nur noch im Nahbereich des Lagers einzusetzen, ist nicht eingehalten worden. Sie wurden trotz der beträchtlichen Mängel für Patrouillenfahrten weiterhin verwendet.[78]

Der ständig wachsenden Gefahrenlage wird auch im Berichtsjahr 2012 Rechnung getragen. So wurde die Anzahl der geschützten Kraftfahrzeuge stetig erhöht, wie beispielsweise die Fahrzeuge der Typen „DINGO 2" und „EAGLE IV". Für die kommenden Jahre hat das Verteidigungsmi-

---

wegen-schlechter-ausruestung-a-703086.html
[77] Vgl. Jahresbericht 2010, S.15
[78] Vgl. Jahresbericht 2011, S.17

nisterium unter anderem die Zuführung von geschützten Feuerwehrfahrzeugen in Aussicht gestellt.[79]

Seit dem Einsatzbeginn der Bundeswehr in Afghanistan im Jahr 2002 gab es eine ständige Verbesserung und Erweiterung der Ausrüstung der Soldaten, dennoch gibt es weiterhin einen erheblichen Optimierungsbedarf hinsichtlich der Stückzahl der benötigten Fahrzeuge. Die hohen Beschaffungskosten und die lange Verfahrensdauer beeinträchtigen die Soldaten in ihrer Auftragserfüllung und stellen einen enormes Sicherheitsrisiko dar, was anhand der tragischen Unfälle zu sehen ist.

6.2.3 Die Ersatzteilbeschaffung und Reparaturvorgänge

Eine weitere wichtige Rolle im Auslandseinsatz der Bundeswehr in Afghanistan nimmt die Ersatzteilbeschaffung für diverse Ausrüstungsgegenstände ein. Die Ursachen der Zunahme defekter Ausrüstungsgegenstände liegen mitunter an den klimatischen Bedingungen, den unwegsamen Straßen und Wegen, den Übergriffen aufständischer Kräfte sowie am normalen Materialverschleiß. Umso bedeutsamer ist es, dass Ersatzteile schnellstmöglich in das Einsatzland verbracht werden bzw. sich bereits vor Ort befinden. Sie garantieren die weitere Aufrechterhaltung der Sicherheit und der Durchführung des Auftrags.

In diesem Zusammenhang kritisierten Soldaten im Jahr 2004 das von der Bundeswehr genutzte Beschaffungssystem „ELBRACHT". Die Anforderung von Ersatzteilen erfolgt über dieses System und ist in Prioritätsstufen eingeteilt. Der große Nachteil an diesem System sind die langen Lieferzeiten der Ersatzteile, die zwischen 30-60 Tagen variieren. Im Vergleich dazu beträgt die Zulaufzeit von Bestellungen über das Internet häufig nur wenige Tage. Beispielgebend hierfür war die lange Dauer der Beschaffung eines Kühlcontainerersatzteils in Kabul im Jahr 2003, die

---

[79] Vgl. Jahresbericht 2012, S.17

sich auf fast zwei Monate belief.[80] Im weiteren Verlauf des Einsatzes wurde deutlich, dass die Ersatzteilbeschaffung, vor allem im Bereich der Fahrzeuginstandsetzung, ein wiederkehrendes Problem war. So berichteten Soldaten, dass die Reparatur eines Fahrzeuges sechs Monate dauerte, weil die Herstellerfirma vor der Inbetriebnahme des Fahrzeuges verschiedene technische Prüfungen durchführen musste. Angesichts der erhöhten Gefahrenlage in Afghanistan weigerte sich das Unternehmen jedoch, ihre Angestellten in das Einsatzgebiet zu senden. Nach diesem Ereignis gestaltete die Bundeswehr den Rahmenvertrag so aus, dass eine Bereitstellung der benötigten Techniker vereinbart und gewährleistet wird. Dennoch kann sich diese Situation durch eine Verschärfung der Sicherheitslage jederzeit ändern und das Problem neu aufwerfen. Im Bereich des Camp Warehouse in Kabul wurde dem Wehrbeauftragten bei seinem Truppenbesuch ein Fahrzeug vom Typ „DINGO" vorgeführt, das seit sieben Monaten nicht mehr einsatzfähig war. Auch dieser Ausfall war auf Nachschubprobleme zurückzuführen.[81]

Die anhaltenden Versorgungsmängel der Truppe sind im Berichtsjahr 2010 ebenfalls aufgeführt. So gab es Nachschubprobleme im Sanitätsrettungszentrum Feyzabad, das zwei Monate auf neue Röntgenschürzen warten musste. Ein weiterer Kritikpunkt war die mangelnde Versorgung der Soldaten mit Nachtsichtbrillen vom Typ „LUCIE". Die Reparaturzeiten für die Brillen betrugen etwa drei Wochen und führten zu einer Versorgungslücke in diesem Bereich. Die Bundeswehr reagierte auf diesen Engpass mit der Einsetzung eines Instandsetzungskommandos, welches die Reparaturzeiten minimieren konnte.[82] Das noch im Jahr 2009 vorhandene Vorratsproblem dieser Nachtsichtbrillen wurde im Jahr 2010 behoben. Der Verteidigungsminister hat mit der Einführung einer Arbeitsgruppe, die speziell auf den Einsatzbedarf ausgerichtet ist, einen einsatz-

---

[80] Vgl. Jahresbericht 2004, S.27
[81] Vgl. Jahresbericht 2007, S.13 und S.16
[82] Vgl. Jahresbericht 2009, S.18

bedingten Sofortbedarf von 400 Nachtsichtbrillen verfügt und dem ISAF-Kontingent zur Verfügung gestellt.[83]

Die sich über Jahre hinziehenden Versorgungslücken und der große Zeitaufwand diverser Beschaffungsmaßnahmen können zu sicherheitsrelevanten Mängel führen und die Auftragsausführung blockieren. Die Defizite in diesem Bereich werden häufig durch behelfsmäßige Überlegungen und Tätigkeiten der Soldaten vor Ort ausgeglichen, was wiederum zu einem hohen Sicherheitsrisiko führt, da diese notdürftigen Reparaturen oftmals nicht dem erforderlichen Standard gerecht werden. Die Vertragsgestaltung mit zivilen Firmen, die für die Entwicklung der Geräte und Ausrüstungsgegenstände zuständig sind, bedarf der Optimierung dahingehend, dass die vor Ort befindlichen Soldaten diese Aufgaben übernehmen sollten und können. Die Möglichkeit einer Schulung der Soldaten für die fachspezifischen Geräte sollte im Inland in Zusammenarbeit mit den Herstellern erfolgen.

6.2.4 Die Störsender

Die aufständischen Kräfte in Afghanistan operieren hauptsächlich mit Sprengsätzen und sonstigen umgebauten explosionsfähigen Gegenständen. Ein vollständiger Schutz gegen diese Attacken ist nicht zu gewährleisten. Dennoch gibt es die Möglichkeit, ein Fernzünden von Sprengkörpern zu verhindern. Diese Störsender werden als „Jammer" bezeichnet und sind Teil der elektronischen Kampfführung. Die Verfügbarkeit dieser Schutzmaßnahme wurde von den Soldaten im Jahr 2008 kritisiert und als Mangel in der Ausstattung angeführt. In Folge der eingegangenen Beanstandung wurde mit der Ausstattung solcher Störsender in den Einsatzkontingenten begonnen und eine Beendigung der Maßnahme für das Jahr 2009 angekündigt.[84] Obgleich der Zulauf der Störsender bereits für 2009 verkündet wurde, herrschte im Berichtsjahr 2010 weiterhin ein flä-

---

[83] Vgl. Jahresbericht 2010, S.13
[84] Vgl. Jahresbericht 2008, S.17

chendeckender Bedarf an diesen Geräten.[85] Die seitens der Bundeswehr weiter getätigte Erhöhung der Ausstattung der Einheiten mit Störsendern war trotzdem als positiv zu betrachten, obwohl den Soldaten im Berichtsjahr 2011 immer noch nicht genügend „Jammer" zur Verfügung standen.[86]

Die lebensgefährliche Bedrohung der Soldaten durch eine ferngezündete Sprengfalle ist seitens des Verteidigungsministerium und der dafür zuständigen Stellen schnellstmöglich Abhilfe zu leisten. Die technischen Möglichkeiten sind vorhanden und müssen den Soldaten für die Erfüllung ihres Auftrags, aber vor allem für ihre Sicherheit bereitgestellt werden. Die Ausstattung der Einsatzkontingente mit diesen sicherheitsrelevanten Hilfsmitteln darf nicht ein über Jahre andauernder Prozess sein, sondern ist als ein unverzüglich abzustellendes Defizit zu betrachten.

6.2.5 Die Lufttransportkapazität

Eine der wichtigsten Eigenschaften einer Einsatzarmee ist eine zuverlässige Transportfähigkeit zu Wasser, an Land und in der Luft. Aufgrund der Topografie, der Größe und der Gefahren durch Sprengfallen in Afghanistan kommt der Lufttransportkapazität eine hohe Bedeutung zu. Sie dient zur Aufrechterhaltung der Versorgung der einzelnen Standorte und gewährleistet die Sicherheit der Soldaten.

Dennoch kam es im Verlauf des Einsatzes vermehrt zu Problemen, die den Lufttransport erschwerten oder zum Erliegen brachten. Betroffen war insbesondere das PRT Feyzabad im Jahr 2006. In diesem Jahr kam es innerhalb von zwei Monate vor, dass 43 Prozent der Flüge von Flächenflugzeugen und 24 Prozent der Hubschrauberflüge ausgefallen waren. Die Gründe dafür waren sehr vielfaltig. Mitunter war eine kurzzeitige Wetteränderung oder eine zu geringe, teilweise technisch bedingte, Ver-

---

[85] Vgl. Jahresbericht 2010, S.16
[86] Vgl. Jahresbericht 2011, S.18 f.

fügbarkeit der Luftfahrzeuge für Flugausfälle verantwortlich. Erschwert wurde die Situation in Feyzabad vor allem durch die stark beschädigte Landebahn, die aufgrund von zu hoher Belastung den Flugverkehr von April 2006 – September 2006 nicht ermöglichte. Nach erfolgten Instandsetzungsmaßnahmen konnte die Landebahn wieder freigegeben werden.[87]

Ein weiterer Kritikpunkt der Soldaten in diesem Bereich stellt die unzureichende Verfügbarkeit und Einsatzfähigkeit von Sanitäts-, Kampf- und Transporthubschraubern dar. Die zu dieser Zeit vorhandenen Hubschrauber der Bundeswehr waren nur bedingt für den Einsatz in Afghanistan geeignet. Die im Einsatzgebiet benötigten Hubschrauber müssen vor allem die Fähigkeit „Combat, Search And Rescue" (CSAR – Suche und Rettung im Gefecht) aufweisen. Dass die Anschaffung dieser Hubschraubertypen oberste Priorität besitzt, erkannte auch der Deutsche Bundestag in seinen Haushaltsanträgen. Dennoch können die benötigten Hubschrauber erst frühestens im Jahr 2014 der Bundeswehr bereitgestellt werden. Der dort bestehende Mangel an Lufttransportfahrzeugen wird durch andere verbündete Kräfte ausgeglichen. Eine zeitnahe Zuführung von Hubschraubern vom Typ „TIGER" zur Absicherung der Truppe im Einsatz wurde zu diesem Zeitpunkt vom Bundesministerium der Verteidigung geprüft.[88] Im darauffolgenden Jahr wurden erneut bestimmte Fähigkeiten, wie eine sensorgestützte Landehilfe sowie die Bereitstellung von einsatztauglichem Material in diesem Bereich beanstandet. Ein grundsätzliches Problem sind die langen Beschaffungsverfahren einzelner Ausrüstungsgegenstände. So warten die Besatzungen der Hubschrauber vom Typ „CH 53" seit Jahren auf eine Bergungswinde und einen Komponentenschutz (Panzerung einzelner Betriebsteile). Auch im Beschaffungsprozess von großen Transportflugzeugen vom Typ „A 400M" und von Hubschraubern vom Typ „NH 90" ist es zu Verzögerungen gekommen. Wann die Einführung dieser Luftfahrzeuge erfolgt,

---

[87] Vgl. Jahresbericht 2006, S.18
[88] Vgl. Jahresbericht 2010, S.16

konnte nicht benannt werden. Die Verfügbarkeit der bereits im Jahr zuvor zur Prüfung stehenden Hubschraubern vom Typ „TIGER" wurde bis dato nicht realisiert.[89]

Die Umsetzung und die Realisierungsmaßnahmen der fehlenden Komponenten an den Hubschraubern „CH 53" sind vom Bundesministerium der Verteidigung für das Jahr 2013 geplant. Einige der in den Vorjahren kritisierten Mängel werden im Jahr 2013 durch die Zuführung des Unterstützungshubschraubers „TIGER" und des Transporthubschraubers „NH 90" geschlossen. Trotz der eingeleiteten Abhilfemaßnahmen ist festzustellen, dass es weiterhin einen Bedarf im Bereich der Lufttransporte gibt. So fehlen unter anderem noch geeignete Hubschrauber für die Spezialkräfte, die laut Aussage des Verteidigungsministeriums erst ab 2016 den Soldaten bereitgestellt werden können. Das Fehlen dieser Hubschrauber zwingt die Spezialkräfte dazu, ihre Operationen über den Landweg auszuführen, was wiederum eine erhebliche Gefahr für sie darstellt.[90]

Da der Abzug der Kampftruppen in Afghanistan für Ende 2014 vorgesehen ist, ist es für die Soldaten umso mehr von Bedeutung, dass der Zulauf der Hubschrauber „NH 90" und „TIGER" stattfindet. Durch die Reduzierung der Anzahl der Soldaten in Afghanistan zum Ende des Einsatzes werden gerade diese neuen Hubschrauber eine übergeordnete Rolle einnehmen, da sie die Überwachungsfunktion übernehmen und somit den Schutz der Soldaten sicherstellen.[91] Die Sicherstellung der Lufttransportfähigkeit muss zu jedem Zeitpunkt des Einsatzes gegeben sein. In einem Krisengebiet wie Afghanistan kann es zu jeder Zeit und an jedem Ort zu Anschlägen kommen, in deren Folge die Soldaten schnellstmöglich Hilfe, durch Feuerunterstützung oder durch Evakuierungsmaßnahmen aus der Luft benötigen. Auch wenn die Unterstützung und die Er-

---

[89] Vgl. Jahresbericht 2011, S.16 f.
[90] Vgl. Jahresbericht 2012, S.17 und S.19
[91] www.focus.de/politik/deutschland/konflikte-bundeswehr-in-afghanistan-bekommt-kampfhubschrauber_aid_880729.html

haltung der Lufttransportkapazität durch die US-Streitkräfte gewährleistet sind, sollte jede Armee in Notsituationen in der Lage sein, auf eigene Luftfahrzeuge zurückgreifen zu können.

6.2.6 Die Unterbringung

Aufgrund der begrenzten Rückzugsmöglichkeiten und der somit nicht vorhandenen Privatsphäre ist es von Seiten des Dienstherrn unerlässlich, den Soldaten eine geeignete Unterkunft im Einsatz zu ermöglichen. Die Einsatzunterkünfte bestehen in den meisten Fällen aus Containermodulen, die jeweils für drei Personen ausgelegt sind. Dennoch wird in Afghanistan für die Soldaten eine Zwei-Mann-Belegung präferiert. Die geringe Größe dieser Container war im Jahr 2005 erstmals ein Beschwerdegrund der Soldaten. So rügten Teile der Truppe in Feyzabad die zu beengten Unterkünfte. Die Situation in Feyzabad wurde durch die Abgabe von 18 Containern für die zivilen Mitarbeiter des PRT ausgelöst. Folglich mussten sich nun drei Soldaten einen Container teilen. Diese komprimierte Belegung auf engstem Raum führte innerhalb der Gemeinschaft zu Spannungen und negativen Effekten, die sich auf die Einsatzbereitschaft der Soldaten auswirkten. Selbst Truppenpsychologen hielten diese Art der Unterbringung für nicht empfehlenswert und rieten an, diese Situation auf höchstens einen Monat zu beschränken.[92] Das Problem der Unterbringung der Soldaten hielt auch in den weiteren Jahren an. Die von der Bundeswehr beabsichtigte Zwei-Mann-Belegung pro Container konnte auch in Mazar-e-Sharif nicht realisiert werden. Zuweilen waren dort 40 Prozent der Soldaten zu dritt in einem 13m² „großen" Container untergebracht. Im PRT Kunduz wurde sogar die Kapazitätsgrenze der Container überschritten, da sich zeitweise 80 Soldaten Container teilten, die für nur 64 Personen ausgelegt waren.[93]

---

[92] Vgl. Jahresbericht 2005, S.22
[93] Vgl. Jahresbericht 2007, S.16

Die unzureichenden Unterkunftsmöglichkeiten wurden im Jahr 2008 weiterhin beklagt und durch die Übernahme der Quick-Reaction-Force (QRF)[94] durch die Bundeswehr verschärft. Das hatte zur Folge, dass noch mehr Soldaten untergebracht werden mussten und somit eine Zwei-Mann-Belegung nur noch in den seltensten Fällen möglich war. Ein noch größeres Ausmaß der Unterbringungsproblematik wurde aus Kunduz vermeldet. Das dortige Lager sah eine Unterbringungskapazität von 350 Soldaten vor. Aus unterschiedlichen Gründen mussten zeitweise 800 Soldaten in diesem Feldlager einquartiert werden. Daraus resultierend übernachteten einige Soldaten bei Temperaturen von über 35°C dauerhaft in nicht klimatisierten Zelten.[95]

Im weiteren Verlauf des Afghanistaneinsatzes kritisierten die Soldaten immer wieder die vorherrschende Unterkunftssituation.[96] Zu erheblichen Problemen in der Unterbringung führte auch die Ausweitung des Operationsgebietes der Bundeswehr. Die neu errichteten Feldlager wiesen eine mangelhafte Infrastruktur aus. Den Soldaten fehlten nicht nur Unterkunftscontainer, sondern auch Zelte, Baumaterial, Sanitäranlagen und Klimaanlagen. Die Soldaten waren dadurch gezwungen, in behelfsmäßigen Unterständen zu leben und sich somit einer erhöhten Gefahr für Leib und Leben durch gezielte Anschläge auszusetzen. Durch weitere Lieferung von fehlenden Containern und anderweitig benötigten Material hat sich der Mangelzustand im Jahr 2011 allerdings ausdrücklich verbessert.[97] Die nicht ausreichende Anzahl an Sanitärcontainern aus dem Jahr 2012, wurde mit der Beschaffung von weiteren Toiletten- und Duschcontainern seitens des Verteidigungsministeriums behoben.[98]

---

[94] Die QRF ist ein Verband, der bei einer Gefahrenlage schnellstmöglich ausrückt, um die sich in Not befindenden Truppenteile zu unterstützen. Vgl. Wohlgethan, SCHWARZBUCH BUNDESWEHR – Überfordert, demoralisiert, im Stich gelassen, München, 2011, S.261
[95] Vgl. Jahresbericht 2008, S.17
[96] Vgl. Jahresbericht 2009, S.21
[97] Vgl. Jahresbericht 2011, S.19
[98] Vgl. Jahresbericht 2012, S.17

Eine für den Soldaten ausreichende und erträgliche Unterkunft trägt unmittelbar zur positiven Auftragserledigung bei. Die ihm zugewiesene Stube ist für den gesamten Einsatzzeitraum sein/ihr „zu Hause" und die einzige Rückzugsmöglichkeit vom täglichen Dienst. In den schwierigen Situationen, in denen sich die Soldaten in Afghanistan befinden, muss eine Infrastruktur existieren, die den Truppenangehörigen ausreichende Erholungsmöglichkeiten bietet. Bei einer Truppenaufstockung oder einer Erweiterung des Einsatzgebietes gehört es unabdingbar zur Planung, dass im Vorfeld dringend benötigte Ausstattungsgegenstände, wie Unterkunft- und Sanitärcontainer beschafft werden. Diese Aufgabe hat der Dienstherr in seinem Verantwortungsbewusstsein den Soldaten gegenüber zu gewährleisten.

6.2.7 Die medizinische Versorgung

Hinsichtlich der durch Sprengstoffattentate ausgelösten Gefahr eines hohen Blutverlustes bei den Soldaten, ist eine sofortige medizinische Behandlung von immenser Bedeutung. „Der unkontrollierte Blutverlust gilt als Haupttodesursache von Soldaten unmittelbar auf dem Gefechtsfeld wie auch für solche, die eine Verwundung im Gefecht zunächst überleben und anschließend nach dem Transport in eine Behandlungseinrichtung dort ihren Verwundungen erliegen [Alam HB et al.: Milit Med 2005; 170, 63-69. Alam HB, Rhee R:.Surg Clin N Am 2007; 87, 55-72]. Die frühzeitige Beherrschung und Bekämpfung von massiven Blutungen ist somit eine der wichtigsten Maßnahmen, um in Kampfhandlungen oder durch Sprengstoffeinwirkung verwundete Soldaten adäquat zu behandeln."[99]

Die Problematik der fehlenden Blutkonserven im Bereich des Sanitätswesens wurde im Jahr 2011 bekannt. So kritisierte der Wehrbeauftragte in einem als geheim eingestuften Schreiben an das Bundesministerium der Verteidigung die vorhandenen Mängel der Bundeswehr im Afgha-

---

[99] www.wehrmed.de/article/2055-VERSORGUNG_MIT_THROMBOZYTEN KONZENTRATEN_IM_DEUTSCHEN_EINSATZKONTINGENT_ISAF.html

nistaneinsatz. Ein in diesem Schreiben vorgebrachter Kritikpunkt waren die fehlenden Blutkonserven in den deutschen Feldlagern in Afghanistan. Eine daraus resultierende Folge war die Unterversorgung der deutschen Soldaten bei Verletzungen mit hohem Blutverlust.[100] Im Jahr 2011 kam es infolge eines Gefechts in Baghlan zu einem tödlichen Zwischenfall. Bei dem tragischen Ereignis verlor ein deutscher Soldat sein Leben. Zwei schwerverletzte Soldaten überlebten, einer von ihnen nur, weil die Amerikaner aus ihrem Stützpunkt in Bagram Blutkonserven beschafften. Der Vorrat an Blutkonserven im Feldlazarett Kunduz war ausgegangen.[101] Weiterhin übten Ärzte Kritik an den vor Ort eingesetzten Schmerzmitteln. Diese seien nicht für die kurzfristige Schmerzlinderung geeignet, da ihre Wirkung erst nach etwa 30 Minuten einsetzt.[102]

Ein weiterer vakanter Punkt war die mangelnde Personalausstattung der Einsatzverbände. Dieses Problem traf viele verschiedene Bereiche, wie Heeresflieger und Kampfmittelbeseitiger, insbesondere aber auch medizinisches Personal. Der erhebliche Bedarf an Rettungsmedizinern kann oftmals nur dadurch kompensiert werden, dass die vorhandenen Ärzte in immer kürzer werdenden Zeitabständen in den Einsatz geschickt werden, manche Stellen bleiben sogar unbesetzt. So war im Jahr 2010 in Kunduz ein beweglicher Arzttrupp für mehr als vier Wochen nicht besetzt. Auf die unbefriedigende Personalsituation reagierte die Bundeswehr mit der Schaffung eines „Einsatzpools Sanitätsstabsoffiziere Rettungsmedizin", um die enorme Belastung der Ärzte zu verringern.[103]

Die medizinische Versorgung der Einsatzsoldaten muss zu jedem Zeitpunkt gewährleistet sein. Dieses beinhaltet vor allem die ausreichende Personalstruktur und die Bedarfsdeckung von lebenswichtigen Mate-

---

[100] www.focus.de/politik/deutschland/bundeswehr-in-afghanistan-koenigshaus-beklagt-mangelnde-ausruestung_aid_646028.html

[101] Vgl. Seliger, Sterben für Kabul – Aufzeichnungen über einen verdrängten Krieg, Hamburg, 2011, S.193

[102] www.focus.de/politik/deutschland/bundeswehr-in-afghanistan-koenigshaus-beklagt-mangelnde-ausruestung_aid_646028.html

[103] Vgl. Jahresbericht 2010, S.20 f.

rialien, wie es die Blutkonserven sind. Die im Einsatz verabreichenden Schmerzmittel sind den vor Ort existierenden Gegebenheiten so anzupassen, dass sie eine unmittelbare und schnelle Wirkung erzeugen. Gerade diese schnelle „Heilung" ist im Hinblick auf die Aufgabenerledigung und Einsatztauglichkeit der Soldaten von unschätzbarem Wert.

6.3 Der Bereich der Einsatzbetreuung

Die Fürsorgepflicht des Dienstherrn gebietet es, im Rahmen seiner Möglichkeiten, für eine optimale Betreuung der sich im Einsatz befindlichen Soldaten zu sorgen. Neben der Ausbildung und der Ausrüstung ist die Betreuung der Truppe einer der wichtigsten Aspekte im Auslandseinsatz. Die über Monate lange Trennung von der Familie und das Entfernen vom heimatlichen Umfeld stellen eine besondere psychische Herausforderung an die Soldaten und ihre Angehörigen dar. Eine zufriedenstellende Betreuung gibt den Soldaten nicht nur das Gefühl, gut aufgehoben zu sein, sondern motiviert sie für die voranstehenden Aufgaben und bildet die Grundlage für ein gutes Arbeitsklima. Die Bundeswehr versucht der Fürsorgepflicht zu jeder Zeit gerecht zu werden und den Anspruch der Soldaten auf Fürsorge und Betreuung zu gewährleisten. Dennoch gibt es viele Bereiche im Auslandseinsatz der Bundeswehr, in denen sich die Soldaten diesbezüglich kritisch äußern. Dies veranlasst mich zu der Frage, ob die Soldaten im Auslandseinsatz ausreichend betreut werden?

6.3.1   Die Kommunikationsmöglichkeiten mit der Heimat

Die Kommunikation mit der Familie und den Freunden in der Heimat ist für die Soldaten im Einsatz ein wichtiger, wenn nicht sogar der wichtigste Aspekt während ihrer Abwesenheit. Die Gespräche mit den Partnern oder den Partnerinnen, den Kindern sowie den Eltern und anderen Bezugspersonen geben den Soldaten den nötigen Rückhalt, den sie für ihre tägliche gefährliche Arbeit benötigen. Im Zuge der technischen Fortentwicklung der letzten Jahre sollte es für die Bundeswehr durchführbar sein, verschiedene Medien für die Soldaten bereitzustellen, um ihnen eine problemlose Kommunikation zu ermöglichen. In diesem Zusammenhang gibt es zahlreiche Beschwerden aus der Truppe, was die Kommunikationsmöglichkeiten in Afghanistan betrifft. Die Soldaten bemängelten vor allem die schlechten Verbindungen in Mobilfunk- und Festnetze. Darüber hinaus bestand großer Unmut über das Preis- Leistungsverhältnis der Anbieter. Die Internetverbindungen wiesen ungenügende Übertragungsraten auf und die Möglichkeiten des Telefonierens wurden durch den schlechten Zustand der vorhandenen Gerätschaften eingeschränkt. Der Vergleich mit anderen Nationen zeigte deutlich, dass es auf diesem Gebiet Handlungsbedarf gab. Andere Streitkräfte stellten ihren Soldaten bessere und vielfältigere Kommunikationsmöglichkeiten zur Verfügung und sorgten dafür, dass ihre Militärangehörigen zum Teil kostenlos telefonieren konnten.[104] Die Verbesserung hinsichtlich der beschriebenen Thematik, verlief schleppend und sorgte immer wieder für Klagen der Soldaten.[105] Der anhaltende und für die Soldaten unhaltbare Zustand hatte mitunter frustrierende Wirkungen zur Folge und wurde durch den Vergleich mit den Möglichkeiten der Bündnispartner weitestgehend noch verstärkt. Folgende Tabelle verdeutlicht das:

---

[104] Vgl. Jahresbericht 2007, S.17
[105] Vgl. Jahresbericht 2008, S.18

	Bundeswehr	US-Streitkräfte	Kanadische Streitkräfte
Telefonieren ins Festnetz	ab 26,8 Cent/Min	4 US Cent/Min	35 Min/Woche kostenlos
Telefonieren ins Mobilfunknetz	ab 58,3 Cent/Min	keine Angaben	keine Angaben
Internet	6,2 Cent/Min keine Flatrate-Angebote	keine Angaben	35 Min/Woche kostenlos oder WLAN-Flatrate 65€ pro Monat

Abb. 1 - Vergleich der Tarifübersicht im Jahr 2010

Weiterhin wurde von den Soldaten die unzureichende Verfügbarkeit von Telefonen und Computern beanstandet. Im PRT Kunduz waren nur drei Telefone und sechs Computer für etwa 1000 Personen vorhanden. Die Beseitigung der Probleme im Bereich der Kommunikation sollte im Folgejahr mithilfe einer neuen Ausschreibung zur Vergabe der Tele-kommunikationsdienstleistungen erreicht werden. Man beabsichtigte, dass die Soldaten 30 Minuten pro Woche kostenlos telefonieren kön-nen.[106] Im Jahr 2011 führten die eingeleiteten Maßnahmen im Bereich der Betreuungskommunikation, insbesondere bei der Bereitstellung höherer Datenraten und der Mobilfunktelefone zu Verbesserungen.[107]

Um weitere Fortschritte im Bereich der Kommunikationsbetreuung zu erreichen, stellte der Verteidigungsausschuss einen Antrag, der die Bun-desregierung zu einer besseren und umfassenderen Betreuung hinsicht-lich dieser Thematik aufforderte. Das Bundesministerium der Verteidi-

---

[106] Vgl. Jahresbericht 2010, S.19
[107] Vgl. Jahresbericht 2011, S.20

gung teilte daraufhin mit, dass das von den Soldaten geforderte kostenfreie Telefonieren frühestens Mitte des Jahres 2015 realisierbar sei.[108]

Im heutigen Zeitalter der Technik ist die schnelle Verfügbarkeit diverser elektronischer Medien und die Kommunikation mit jedem Ort der Welt möglich. Der Dienstherr hat im Rahmen seiner Fürsorgepflicht für eine optimale und kostengünstige Telekommunikation zu sorgen. Unverständlich ist vor allem die Situation, dass sich andere Streitkräfte mit dieser Problematik anscheinend besser auseinandergesetzt haben und ihren Soldaten eine zufriedenstellende Kommunikation ermöglichen.

6.3.2   Die Möglichkeiten der Freizeitgestaltung

Um den täglichen Belastungen im Einsatz standhalten zu können gilt es, einen Ausgleich zu schaffen, bei dem sich die Soldaten entspannen und regenerieren können. Die Bundeswehr ist bemüht und interessiert, den Soldaten die Möglichkeit einer solchen Stressbewältigung zu bieten. Zum einen suchen viele Soldaten beim Sport einen Ausgleich zum anstrengenden Tagesdienst. Zum anderen nutzen viele die in den Feldlagern integrierten Betreuungseinrichtungen, um sich mit Kollegen auszutauschen oder einfach nur bei einer Runde Darts, einem Kartenspiel oder Tischfußball Abwechslung zu finden. Gleichwohl lässt sich feststellen, dass auch in diesem Bereich Nachbesserungsbedarf bestand.

Auch wenn die Soldaten den Sport oftmals aus eigenem Interesse an körperlicher Ertüchtigung nutzen, so dient er vor allem der Aufrechterhaltung der Gesundheit und der allgemeinen Leistungsfähigkeit. Dennoch herrschte mitunter ein Mangel an Sportmöglichkeiten an vielen Standorten in Afghanistan. Das Sportzelt in Camp Marmal war zu klein für die Anzahl der Soldaten, die an den Fitnessgeräten Sport treiben wollten. Ein für 2008 geplantes Betreuungsmodul mit zwei Fitnessräumen sollte dagegen Abhilfe schaffen. Auch aus dem Camp Warehouse in

---

[108] Vgl. Jahresbericht 2012, S.20 f.

Kabul gab es ähnliche Klagen der Soldaten bezüglich der ungenügenden Sportmöglichkeiten.[109]

Trotz der geplanten Abhilfemaßnahmen kam es im Jahr 2008 wiederum zu Beschwerden aus Mazar-e-Sharif in diesem Bereich, wo Soldaten die unzureichenden Sportmöglichkeiten beklagten. Auch im PRT Kunduz waren diese nicht an die Anzahl der Soldaten angepasst und übertrafen stets die Kapazitätsgrenze.[110]

Ein weiterer Kritikpunkt der Soldaten waren die Betreuungseinrichtungen. Speziell in Mazar-e-Sharif bemängelten die Soldaten, dass für die dort stationierten 2000 Bundeswehrangehörigen die Betreuungseinrichtungen teilweise aus Gründen der Personalknappheit vorübergehend geschlossen waren.[111]

Angesichts der schwierigen Einsatzbedingungen und der alltäglichen Stresssituationen, denen die Soldaten in Afghanistan ausgesetzt sind, muss der Dienstherr dafür Sorge tragen, dass verschiedene Möglichkeiten der Freizeitgestaltung zur Verfügung stehen. Gerade die Betreuungseinrichtungen werden häufig von den Soldaten als Erholungs- und Rückzugsort genutzt und sollten dahingehend eine wichtige Rolle im Rahmen der Fürsorge im Einsatz einnehmen.

6.3.3 Der Rechtsschutz

Da die Soldaten infolge einer bevorstehenden Gefahr durch terroristische Angriffe im Einsatz mitunter zum Gebrauch der Schusswaffe berechtigt sind und diese auch einsetzen, bedarf es einer klaren Regelung, was den Rechtsschutz betrifft. Soldaten äußerten ihre Verunsicherung hinsichtlich der Frage nach dem bestehenden Rechtsschutz. Vor allem wird die unzureichende Aufklärung bemängelt, wenn es für die Soldaten

---

[109] Vgl. Jahresbericht 2007, S.17
[110] Vgl. Jahresbericht 2008, S.18
[111] Vgl. Jahresbericht 2008, S.18

um den Rechtsschutz bei der Tötung eines Menschen geht.[112] Aufgrund der tragischen Vorfälle, bei denen durch Schusswaffengebrauch deutscher Soldaten zivile Personen ums Leben kamen, wurde seitens des Bundes beschlossen, dass eine künftige Kostenübernahme für den Rechtsschutz von Soldaten und anderen Angehörigen des öffentlichen Dienstes stattfindet, wenn gegen sie, wegen Ereignissen im Ausland, strafrechtliche Ermittlungsverfahren laufen. Bis ins Jahr 2008 war es üblich, dass den Soldaten auf Antrag ein zinsloses Darlehen gewährt wurde, um die entstehenden Kosten zu begleichen, wenn sie in ein gerichtliches Verfahren verwickelt waren. Eine weitere Abhilfemaßnahme, die der Rechtssicherheit der Soldaten in Afghanistan diente, war die Überarbeitung der Taschenkarte, die die Verhaltensregeln für den Auslandseinsatz beinhaltet.[113]

Die Wichtigkeit des Rechtsschutzes der Soldaten ist insbesondere der Tatsache geschuldet, dass die Anwendung der Schusswaffe für den Soldaten ohnehin schon psychische Folgen hat. Wenn nunmehr noch rechtliche Fragen im Raum stehen, die die Soldaten zusätzlich belasten, so ist das ein unbefriedigender Zustand. Die Kostenübernahme durch den Bund für solche Verfahren ist sehr positiv für die betreffenden Angehörigen des öffentlichen Dienstes, vor allem für die Soldaten in Afghanistan, dennoch ist es fraglich, warum Fragen zur Rechtssicherheit nicht bereits im Vorfeld des Einsatzes so geregelt sind, dass sie den Soldaten in Ausübung seiner Tätigkeit für das Vaterland schützen.

6.3.4 Die Verpflegung

Eine ausreichende, gesunde und abwechslungsreiche Ernährung im Auslandseinsatz stärkt nicht nur den Körper, sondern dient zudem als zusätzliche Motivation für die Soldaten. Mit dem Zustand der Auswahl

---

[112] Vgl. Jahresbericht 2008, S.19
[113] www.merkur-online.de/aktuelles/politik/jug-fordert-rechtsschutz-soldaten-419718.html

und der Zufriedenheit der Speisen und Getränke steigt und sinkt die Stimmung in der Truppe.

Dennoch gingen im Berichtsjahr 2007 die ersten Beschwerden aus Kabul hinsichtlich der Verpflegung ein.[114] Im Jahr 2009 kritisierten Soldaten, die in Kunduz eingesetzt waren, die Ungleichbehandlung bezüglich der Ausgabe von Grillfleisch anstelle der Abendverpflegung. Die unterschiedlichen Truppenküchenbetreiber in den einzelnen Standorten waren verantwortlich für diesen unbefriedigenden Zustand. So konnten Soldaten in Mazar-e-Sharif ohne Probleme Grillfleisch als Abendmahlzeit empfangen, weil der dortige Betreiber eine private Firma war. In Kunduz hingegen war der Betreiber die Einsatzwehrverwaltung, die unter Hinweis auf den in Deutschland existierenden und verbindlichen Verpflegungsplan, die Herausgabe von Grillfleisch anstelle der Abendverpflegung verweigerte. Weiterhin bemängelten die Einsatzkräfte im Bereich Kunduz die fehlenden isotonischen Getränke. Bei den hohen Temperaturen in Afghanistan dienen die elektrolythaltigen Getränke der Aufrechterhaltung der Leistungsfähigkeit. Die Bereitstellung der geforderten Getränke erfolgte seitens der Bundeswehr Ende Juni 2009 und schaffte dementsprechend in der Getränkeproblematik Abhilfe.[115]Im weiteren Verlauf des Einsatzes rügten die Soldaten vor allem die schlechte Qualität und fehlende Abwechslung der Verpflegung außerhalb der Feldlager.[116]

Die Truppenteile, die außerhalb der Feldlager ihren Dienst leisteten, wurden oftmals nur mit Einmannpackungen (EPA) versorgt. Diese Verpflegungspakete, bestehend aus Keksen, Brot, Schokolade, Kaffee und einem Hauptgericht, unterschieden sich nur in drei Geschmacksrichtungen. Die Gerichte variierten zwischen Gulasch mit Kartoffeln, Ravioli mit Champignons und Hamburger in Tomatensoße. Für die Soldaten, die sich mehrere Tage oder gar Wochen von diesen drei möglichen Gerichten ernähren mussten, wurde diese Ernährungseintönigkeit zur Belastung.

---

[114] Vgl. Jahresbericht 2007, S.13
[115] Vgl. Jahresbericht 2009, S.20
[116] Vgl. Jahresbericht 2011, S.19

Revolutioniert wurde die Verpflegung durch das Bundesamt für Wehrtechnik im Jahr 2010 mit der Einführung 16 neuer Geschmacksrichtungen, die unter anderem spanische Paella mit Muscheln, Elchfleisch-Gourmet-Topf und vegetarisches Essen beinhaltete. Die eingeleitete Maßnahme zur Verbesserung der Verpflegung in Form der neuen Einmannpackungen fand großen Zuspruch bei den Soldaten.[117]

Weitere Beschwerden bezüglich der Qualität des Essens kamen aus dem Bereich Mazar-e-Sharif. Die Küche im Camp Marmal wies schwere hygienische Mängel auf, die eine Gruppenerkrankung von 200 ISAF-Angehörigen, darunter 140 deutsche Soldaten, zur Folge hatte. Die Hygieneprobleme waren auf Lagerungsfehler, fehlende technische Temperaturaufzeichnungsgeräte und bauliche Mängel zurückzuführen. Die Defizite in der Qualität der Verpflegung entstanden durch vertraglich festgeschriebene niedrige Anforderung an den privaten Caterer, der nur eine mittlere bis gute Qualität liefern musste. Als Abhilfemaßnahme wurde der Vertrag mit dem Caterer gekündigt und übergangsweise zivile sowie militärische Küchenfachkräfte eingesetzt. Ein neuer privater Betreiber wurde für das Jahr 2012 geplant, der dann wieder für die Verpflegung in Mazar-e-Sharif verantwortlich war.[118]

Selbstverständlich sind die Geschmäcker verschieden und es wird nicht gelingen, alle Soldaten zufrieden zu stellen. Dennoch darf es nicht vorkommen, dass aufgrund der Qualität oder durch Hygienemängel die Gesundheit und somit die Einsatzbereitschaft der Soldaten gefährdet wird. Die vermeintliche Kostenersparnis durch Outsourcing sollte stets genau überdacht werden, da Einsparungen meistens mit Qualitätsverlusten verbunden sind.

---

[117] Vgl. Der Spiegel: Artikel: „Currywurst am Hindukusch", Ausgabe Nr. 30 vom 25.07.2011, S.45
[118] Vgl. Jahresbericht 2011, S.19 f.

6.3.5 Die Medienberichterstattung

Die Medien sind seither ein starkes Instrument, um bestimmte Angelegenheiten oder Situationen zu steuern. Deshalb kann die Berichterstattung der Medien ungeahnte Folgen für die Soldaten und ihre Angehörigen haben. Auch wenn die Pressefreiheit gemäß Artikel 5 (1) Grundgesetz gewährleistet wird, so gilt es, behutsam mit Informationen und Bildern von Soldaten in Afghanistan umzugehen.

So äußerten Soldaten im Berichtsjahr 2007 ihr Unverständnis über die Verhaltensweise einiger Medienvertreter nach einem Anschlag auf die Bundeswehr in Kunduz. Sie kritisierten vor allem die taktlose und pietätlose Art der Berichterstattung der Journalisten. Kern der Beanstandung war insbesondere die Bildberichterstattung, bei der auf eine Unkenntlichmachung der Gesichter von verletzten Soldaten verzichtet wurde. Der Wehrbeauftragte beschwerte sich aufgrund des Ereignisses beim Deutschen Presserat. Die Beschwerde wurde jedoch vom Beschwerdeausschuss des Presserats als unbegründet erachtet und zurückgewiesen. Im weiteren Verlauf konnte der Wehrbeauftragte durchaus positive Anzeichen erkennen, die auf eine zurückhaltende Medienberichterstattung in diesen sensiblen Bereichen hindeuten.[119]

Eine unverfälschte Medienberichterstattung hinsichtlich des Afghanistaneinsatzes der Bundeswehr ist von großer Bedeutung und würde zur Aufklärung der alltäglichen Arbeitsweisen der Soldaten in der Bevölkerung beitragen. Sie könnte den Menschen in Deutschland ein reales Bild von der Situation in Afghanistan aufzeigen und ihnen die Arbeit der Soldaten näherbringen. Ein ungeschöntes Bild der Lage in den Einsatzgebieten sowie den dauernden Anforderungen, denen sich die Soldaten stellen müssen, würde der Bevölkerung eine ganz neue Perspektive auf die Bundeswehr geben und einem schlechten Ruf in der Öffentlichkeit entgegenwirken. Dennoch sollten bestimmte Angelegenheiten und Darstel-

---

[119] Vgl. Jahresbericht 2007, S.12

lungen, die den Schutz der Persönlichkeit der Soldaten und den Schutz ihrer Familienangehörigen betreffen, stets in Absprache mit der Führung der Bundeswehr und den betroffenen Personen abgestimmt werden.

6.3.6   Die Einsatzplanung

Die rechtzeitige und möglichst genaue Einsatzplanung ist für die Soldaten ungemein wichtig, denn sie müssen sich mental auf ihre bevorstehenden Aufgaben vorbereiten und den vorübergehenden Abschied von der Familie vornehmen. Des Weiteren müssen sie im Vorfeld eines Auslandseinsatzes oftmals diverse administrative Angelegenheiten erledigen. Hierunter zählen mitunter, das Verfassen eines Testaments, vorübergehende Abmeldung von Versicherungen, wie beispielsweise die Kfz-Versicherung oder weitere organisatorische Sachen, die den täglichen Ablauf in der Familie betreffen. Demzufolge müssen sich die Soldaten auf eine exakte und verlässliche Einsatzplanung verlassen können. Im Afghanistaneinsatz kam es häufig zu Beschwerden, die die Einsatzplanung und das Zeitmanagement anbelangten.

Beispielgebend für eine verfehlte Einsatzplanung war im Jahr 2003 die Situation, die ein als Militärkraftfahrer eingesetzter Stabsgefreiter erlebte. Nachdem sein geplanter Abflugtermin bereits zwei Mal verschoben wurde, erhielt er die Nachricht, dass er derzeitig als Kraftfahrer im Einsatzland nicht mehr gebraucht werde, aber statt dessen für das nachfolgende Einsatzkontingent eingeplant sei.[120]

Im Berichtsjahr 2004 kam es erneut zu Beschwerden hinsichtlich der Einsatzplanung. Im konkreten Fall wurde ein Sanitätsoffizier zuerst für die NATO Response Force eingeplant, dann für den Kosovo-Einsatz und schließlich für den ISAF-Einsatz. Nach mehrmaligen Ein- und Auspla-

---

[120] Vgl. Jahresbericht 2003, S.20

nungen wurde er schließlich mit einigen Tagen Verspätung nach Afghanistan verlegt.[121]

Die anhaltende Fehlplanung für den Einsatz der Soldaten wiederholte sich in den Folgejahren permanent. So rügten Soldaten im Berichtsjahr 2006, dass sie zu spät von der Einsatzplanung Kenntnis erlangten. Einem Sanitätsoffizier wurde erst fünf Tage vor dem Verlegetermin der Einsatz bekanntgegeben, obwohl seine Einplanung bereits seit sechs Monaten feststand. Ein Oberfeldwebel wurde extra von einem Lehrgang abgelöst, um nach Mazar-e-Sharif verlegt zu werden und um ihm dann ein paar Tage später mitzuteilen, dass er doch nicht mehr für den Auslandseinsatz in Frage käme. Weiterhin beschwerte sich ein Oberleutnant, der trotz seines Hinweises, dass er die für Afghanistan benötigte Sicherheitsüberprüfung und ärztlichen Untersuchungen nicht besaß, über die kurzfristige Einsatzplanung. In Folge dieser Fehlplanung und dem Ignorieren des Hinweises, wurde dem Oberleutnant erst am Abflugtag auf dem Flughafen in Köln mitgeteilt, dass sich sein Einsatztermin verschoben hatte.[122]

Im weiteren Verlauf des Einsatzes kritisierten Soldaten die kurzfristigen Umplanungen und die ständigen Verschiebungen hinsichtlich ihres Einsatzes. Auch die Informationspolitik der Führung wurde von den Soldaten gerügt. Ein Oberstabsarzt verpasste die Geburt seines Kindes, weil er nicht über die Information verfügte, dass so ein Ereignis als Hinderungsgrund für einen Auslandseinsatz angesehen wird. Der Oberstabsarzt wurde dementsprechend in den Einsatz geschickt und nach der Geburt seines Kindes aus dem Einsatz abgelöst.[123]

Im Jahr 2010 klagten Soldaten wiederholt über die zu späte und unverlässliche Einsatzplanung. Oft fehlte es ihnen an ausreichend Zeit um bestimmte Maßnahmen im privaten Umfeld zu erledigen, die aufgrund von kurzfristigen Änderungen eintraten.[124] Zuletzt wurden die mangelnde

---

[121] Vgl. Jahresbericht 2005, S.20
[122] Vgl. Jahresbericht 2006, S.15
[123] Vgl. Jahresbericht 2007, S.15
[124] Vgl. Jahresbericht 2010, S.17

Transparenz sowie die temporären Verschiebungen der Einsatzplanung von den Soldaten im Jahr 2012 kritisiert.[125]

Eine sich durch den gesamten Afghanistaneinsatz ziehende fehlerhafte und unbefriedigende Einsatzplanung stellt die Soldaten und ihre Familien, vor allem die Kinder, vor große psychische Herausforderungen. Es ist schwer genug, sich ein Mal von der Familie verabschieden zu müssen, so ist es unnötig, diese Situation durch kurzfristige Verschiebung öfter hervorzurufen. Natürlich gibt es Situationen, die es erforderlich machen, kurzzeitig eine Personaländerung herbeizuführen, wie Krankheit oder wetterbedingte Flugausfälle. Dennoch sind es oftmals Planungsfehler oder fehlende Kommunikation mit dem Leitverband, dem Heimatverband oder den betroffenen Soldaten, die der Auslöser für eine unbefriedigende Einsatzplanung sind. Im Interesse aller Beteiligten, insbesondere der Soldaten, ist eine Optimierung hinsichtlich der Einsatzplanung immer förderlich. Sie gibt den Truppenangehörigen Planungssicherheit und gleichzeitig genügend Vorbereitungszeit und sorgt dafür, dass die Soldaten nicht schon demotiviert oder gar psychisch instabil in den Einsatz nach Afghanistan gehen.

6.3.7   Die Einsatzdauer

Die Einsatzdauer des Auslandseinsatzes ist eine große Herausforderung für die Soldaten. Es ist von erheblicher Bedeutung, wie lange die Bundeswehrsoldaten in Afghanistan ihren Dienst versehen. Je länger sich die Soldaten im Einsatz befinden, umso höher ist ihre körperliche und geistige Belastung. Infolge dessen ist es unter fürsorglichen Aspekten von enormer Bedeutung, dass sich die Einsatzdauer der Soldaten nach der vorgegebenen Zeit von bis zu vier Monaten richtet.

In den ersten Jahren der ISAF-Mission war für die Soldaten eine Einsatzdauer von sechs Monaten üblich. Diese wurde aber vom Generalinspek-

---

[125] Vgl. Jahresbericht 2012, S.16

teur auf vier Monate verkürzt und ab dem Jahr 2005 umgesetzt. Dennoch kritisierten Soldaten die „schleichende" Verlängerung der Einsatzzeit bis auf fünf Monate. Der Grund hierfür lag oftmals an der Übernahme- und Übergabephase der Dienstposten im Einsatzland, die teilweise einige Wochen in Anspruch nahm.[126]

Heftige Kritik wurde im Berichtsjahr 2007 zum Ausdruck gebracht. Einige Soldaten in Spezialverwendungen bemängelten weiterhin die zu lange Einsatzdauer. So war in Mazar-e-Sharif das Personal, welches für eine Sauerstofferzeugungsanlage für das Waffensystem der Tornados zuständig war, etwa neun Monate am Stück in Afghanistan im Einsatz.[127] Auch im darauffolgenden Jahr rügten Soldaten in Spezialverwendungen erneut die lange Einsatzdauer. Betroffen waren vor allem das Personal des Geoinformationsdienstes und die Soldaten des Zentrums für zivil-militärische Zusammenarbeit (CIMIC).[128]

Im Jahr 2010 kritisierten die Soldaten wiederholt die Kontingentsdauer und die damit einhergehende Planungsunsicherheit. Einige Soldaten berichteten von nachträglichen Verlängerungen der Einsatzzeit auf sieben Monate. Die Verlängerung der Einsatzzeit wirkte sich nicht nur demotivierend auf die Soldaten aus, sondern steigerten auch das Risiko an psychischen Leiden zu erkranken.[129]Im weiteren Verlauf des Einsatzes klagten Soldaten weiterhin über die langen Stehzeiten. So waren im 28. ISAF-Kontingent etwa 50 Prozent der Panzergrenadierdivision für sechs Monate oder länger in Afghanistan.[130]

Die Bundeswehr muss den Soldaten eine zumutbare Stehzeit in den Einsätzen garantieren. Die langen physischen und psychischen Belastungen können schwerwiegende gesundheitliche Folgen, aber auch familiäre Probleme für die Soldaten mit sich bringen. Die Verkürzung der Einsatz-

---

[126] Vgl. Jahresbericht 2005, S.22
[127] Vgl. Jahresbericht 2008, S.18
[128] Vgl. Jahresbericht 2009, S.19
[129] Vgl. Jahresbericht 2010, S.17
[130] Vgl. Jahresbericht 2012, S.16

dauer von sechs auf vier Monate war ein guter Ansatz, um der Fürsorge und den Belangen der Soldaten gerecht zu werden. Dennoch ist diese Verkürzung wertlos, wenn die Einsatzzeit, insbesondere derer in Spezialverwendungen, weiterhin sechs oder mehr Monate beträgt.

6.3.8 Die Posttraumatische Belastungsstörung

Ein weiteres Problem im Bereich der Betreuung sind die psychischen Erkrankungen, insbesondere die Posttraumatische Belastungsstörung. Die mitunter schrecklichen Situationen von getöteten, verwundeten und verstümmelten Menschen, mit denen die Soldaten in Afghanistan konfrontiert werden, hinterlassen bei den Soldaten psychische Schäden, die vom Dienstherrn einer entsprechenden fachlichen Hilfe und Unterstützung bedürfen.

Posttraumatische Belastungsstörung

„Diese entsteht als eine verzögerte oder protrahierte Reaktion auf ein belastendes Ereignis oder eine Situation kürzerer oder längerer Dauer, mit außergewöhnlicher Bedrohung oder katastrophenartigem Ausmaß, die bei fast jedem eine tiefe Verzweiflung hervorrufen würde. Prädisponierende Faktoren wie bestimmte, z.B. zwanghafte oder asthenische Persönlichkeitszüge oder neurotische Krankheiten in der Vorgeschichte können die Schwelle für die Entwicklung dieses Syndroms senken und seinen Verlauf erschweren, aber die letztgenannten Faktoren sind weder notwendig noch ausreichend, um das Auftreten der Störung zu erklären. Typische Merkmale sind das wiederholte Erleben des Traumas in sich aufdrängenden Erinnerungen (Nachhallerinnerungen, Flashbacks), Träumen oder Alpträumen, die vor dem Hintergrund eines andauernden Gefühls von Betäubtsein und emotionaler Stumpfheit auftreten. Ferner finden sich Gleichgültigkeit gegenüber anderen Menschen, Teilnahmslosigkeit der Umgebung gegenüber, Freudlosigkeit sowie Vermeidung von Aktivitäten und Situationen, die Erinnerungen an das Trauma wachrufen könnten. Meist tritt ein Zustand von vegetativer Übererregtheit mit Vigilanzsteigerung, einer übermäßigen Schreckhaftigkeit und Schlafstörung auf. Angst und Depression sind häufig mit

den genannten Symptomen und Merkmalen assoziiert und Suizidgedanken sind nicht selten. Der Beginn folgt dem Trauma mit einer Latenz, die wenige Wochen bis Monate dauern kann. Der Verlauf ist wechselhaft, in der Mehrzahl der Fälle kann jedoch eine Heilung erwartet werden. In wenigen Fällen nimmt die Störung über viele Jahre einen chronischen Verlauf und geht dann in eine andauernde Persönlichkeitsänderung (F62.0) über."[131]

Das Problem der posttraumatischen Belastungsstörung wurde lange Zeit von der Bundeswehr verkannt und unterschätzt. Der Sektor der psychologischen Betreuung der Soldaten ist bei weitem nicht ausgeschöpft, was die Kapazität der benötigten Ressourcen betrifft. Der Bundeswehr mangelt es an Fachkräften, die der stetigen Zunahme der durch psychische Erkrankungen betroffenen Soldaten gerecht werden. Im Verlauf des Afghanistaneinsatzes nahm die Zahl der an registrierten PTBS erkrankten Soldaten im hohen Maße zu (*Abb. 2*). Der Fachkräftemangel an auf Traumen spezialisierten Ärzten führte oft zu einer verspäteten Behandlung der Patienten und verlangsamte deren Heilungsverlauf.[132]

Aus dem Jahresbericht 2003 ging hervor, dass etwa zwei bis fünf Prozent der deutschen Soldaten, die an internationalen Einsätzen teilnahmen, einer Behandlung wegen psychischen Problemen bedurften. Der Bundeswehr mangelte es an Psychiatern und Psychotherapeuten, die den betroffenen Soldaten hätten helfen können.[133] Ein Beispiel aus dem Jahr 2010 belegt, mit welchen Problemen die Soldaten konfrontiert wurden, um eine entsprechende Behandlung vor und nach der Dienstzeit zu erlangen. Hierunter zählten die mangelnde Bearbeitung der Anträge und die fehlende Genehmigung der Therapien von den zuständigen Stellen sowie die Kostenübernahme für die Behandlungen. Die dort auftretenden Schwierigkeiten wurden zwar von der Bundeswehr behoben, dennoch dauerte das ganze Verfahren über ein Jahr, bis die notwendigen

---

[131] www.dimdi.de/static/de/klassi/icd-10-who/kodesuche/onlinefassungen/htmlamtl2013/block-f40-f48.htm

[132] Vgl. Wohlgetan, OPERATION KUNDUS – Mein zweiter Einsatz in Afghanistan, Berlin, 4.Aufl. 2010, S.272

[133] Vgl. Jahresbericht 2003, S.22

Psychotherapien begonnen werden konnten.[134] Erschwerend für die Soldaten kommt hinzu, dass sie bei einer PTBS-Erkrankung einer ungewissen Zukunft ins Auge blicken, was ihren beruflichen Werdegang anbelangt. Diese Tatsachen gelten nicht nur für ihren weiteren militärischen Werdegang bei Zeitsoldaten, sondern auch für das weitere Zivilleben im Anschluss an die Bundeswehrzeit.[135]

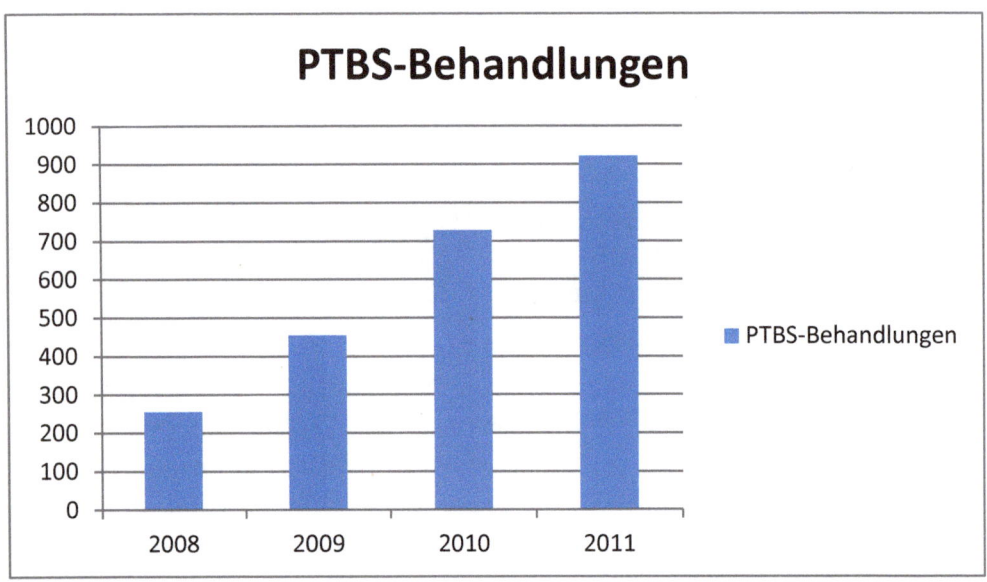

Abb. 2 – graphische Darstellung der Zunahme an registrierten PTBS-Behandlungen[136]

---

[134] Vgl. Jahresbericht 2010, S.17 und 35 f.

[135] Vgl. Wohlgetan, SCHWARZBUCH BUNDESWEHR – Überfordert, demoralisiert, im Stich gelassen, München, 2011, S.161 f.

[136] Vgl. http://www.spiegel.de/gesundheit/psychologie/traumatisierte-bundeswehrsoldaten-psychologen-warnen-vor-dunkelziffer-a-856440.html

Mit der Zunahme der psychischen Erkrankungen, die durch die Auslandeinsätze hervorgerufen werden, hat die Bundeswehr erkannt, dass sie für ihre Soldaten verantwortlich ist und trägt diesbezüglich zunehmend für eine Verbesserung bei. Dennoch herrscht weiterhin Optimierungsbedarf in diesem sensiblen Bereich. Die Verfahren über eine Kostenübernahme oder die Anerkennung einer Wehrdienstbeschädigung müssen unkompliziert, unbürokratisch und ohne zeitliche Verzögerungen von statten gehen. Die Soldaten, die unter einer psychischen Erkrankung leiden, haben bereits genug Sorgen und Probleme, als sich noch ständig mit diversen Anträgen und behördlichen Angelegenheiten auseinanderzusetzen. Es bleibt zu hoffen, dass den betroffenen Soldaten jede nötige Hilfe und Unterstützung zu Teil wird und nicht wie so oft die Kosten für Behandlung oder Weiterbeschäftigung in den Vordergrund gerückt werden.

6.3.9 Die Rolle der Politik

Die Frage der Betreuung der Einsatzsoldaten richtet sich vor allem an diejenigen, die dem Engagement der Bundeswehr am Hindukusch zugestimmt haben – den Politikern. Die politischen Entscheidungen, die in Berlin getroffen werden, müssen für die Soldaten nachvollziehbar und eindeutig sein. Eine klare Haltung zum Einsatz der Soldaten in Afghanistan sowie eine realistische Darstellung ihrer Aufgaben gehört zur Öffentlichkeitsarbeit der Regierung. Dennoch wurde kaum über den ISAF-Einsatz berichtet und wenn, dann kläglich und unvollständig. Die Bevölkerung der Bundesrepublik Deutschland weiß kaum, in welchen Gebiet genau sich die Bundeswehr dort befindet, was die Ziele des Einsatzes sind und mit welchen schwierigen Situationen sie vor Ort umgehen müssen.

Die Debatte, ob es sich in Afghanistan nun um einen Krieg handelt oder nicht, zeigte schon die Schwierigkeiten der Politiker im Umgang mit dem Einsatz. Erst im Jahr 2010 bekannte der ehemalige Verteidigungsminister Karl-Theodor zu Guttenberg, dass in Afghanistan ein kriegsähnlicher Zustand vorherrsche.[137] Ein weiteres großes Problem ist das Desinteresse der Politiker an dem Afghanistaneinsatz, insbesondere an Tagen des Wahlkampfes. Es fanden kaum Debatten über den ISAF-Einsatz im Bundestag statt. Selbst in kritischen und öffentlichkeitswirksamen Zeiten, wie nach dem befohlenen Luftangriff durch Oberst Georg Klein auf zwei Tanklaster nahe Kunduz im Jahr 2009, bei dem auch Zivilisten getötet wurden, hielten sich die Politiker zurück.[138]

Ein weiteres Indiz für die fehlende politische Unterstützung ließ sich aus dem Umstand erkennen, dass das Verteidigungsministerium den Soldaten zu Weihnachten Pakete schickte, welche jedoch - wodurch auch immer- mit beschädigten und deformierten Weihnachtsmännern gefüllt waren. Die Beschwerden der Soldaten dahingehend bewegte die Bundeskanzlerin Angela Merkel zu der Veranlassung, dass nur noch Postkarten zu Weihnachten verschickt werden sollen, damit sie sich die Nörgelei der Soldaten erspare, da diese ja sowieso nur alle rummeckern.[139]

Die Bundeswehr ist eine Parlamentsarmee, die den Frieden und die Sicherheit gewährleisten soll. Gerade deswegen muss sie von den politischen Vertretern mit großem Interesse wahrgenommen und unterstützt werden. Das vorhandene Desinteresse der meisten Politiker am Afghanistaneinsatz erzeugt ein falsches Bild in der Öffentlichkeit und sorgt für eine negative Außendarstellung der Soldaten und führt zu einem schlechten Image in der Bevölkerung. In Deutschland gibt es wohl kaum eine Berufsgruppe, die in der Bevölkerung so wenig respektiert wird wie die Soldaten. Eine weitere Folge der Apathie der Politiker sind die zu geringen finanziellen Mittel für den Einsatz, welche dann wiederum große Auswirkungen auf die Ausbildung, die Ausrüstung und die Betreuung der Einsatzsoldaten haben.

---

[137] Vgl. http://www.deutschlandfunk.de/verdruckstheit-im-umgang-mit-dem-afghanistaneinsatz.868.de.html?dram:article_id=124583
[138] Vgl. Seliger, Sterben für Kabul – Aufzeichnungen über einen verdrängten Krieg, Hamburg, 2011, S.134
[139] Ders., S.169

7. Fazit

Meine Analyse der Defizite, Folgeprobleme und Abhilfemaßnahmen in den Bereichen Ausbildung, Ausrüstung und Betreuung der Bundeswehrsoldaten in Afghanistan hat ergeben, dass die Bundeswehr nicht wirklich für ein Engagement in einem so schwierigen Krisengebiet wie Afghanistan bereit war. In jedem der von mir behandelten Teilbereiche gibt es Beispiele, die dies eindeutig belegen.

Im Bereich der Ausbildung wurden gravierende Fehler gemacht, die die Soldaten im Einsatzgebiet schwer benachteiligten oder zumindest einem erhöhten Risiko aussetzten. In Folge der verfehlten Ausbildungspolitik, gepaart mit nicht nachvollziehbaren Einsparmaßnahmen und logistischen Problemen, kam es mehrfach zu schweren Unfällen, die sogar zum Tod einzelner Soldaten führten. In jeder Ausbildung werden Grundlagen für die spätere Tätigkeit im Einsatzgebiet gelegt. Deshalb ist es äußerst problematisch, wenn Ausbildungsabschnitte, die in Deutschland versäumt wurden, wie die Kraftfahr- und Schießausbildung, im Einsatzgebiet unter lebensbedrohlichen Umständen nachgeholt werden müssen. Die von mir beschriebenen Mängel zeigen eindeutig, dass die meisten Bundeswehrsoldaten nicht einsatzadäquat für Afghanistan ausgebildet worden waren.

Auch im Bereich der Ausrüstung war die Bundeswehr nicht für den Afghanistaneinsatz bereit. Das Material, vor allem die Fahrzeuge, waren nicht für einen Krieg am Hindukusch geeignet. Sie waren auf einen Kampf gegen Truppen des Warschauer Paktes ausgerichtet, aber nicht gegen Sprengfallen und Anschläge von Terroristen und Aufständischen in einem Gebiet ohne jegliche Infrastruktur und unter extremen klimatischen Bedingungen.

Wie oben bereits erwähnt, geht in Afghanistan z.B. eine große Gefahr von Sprengfallen jeglicher Art aus. Aus diesem Grund ist es unerklärlich und verantwortungslos, dass die Soldaten in ungepanzerten oder nur leicht gepanzerten Fahrzeugen im Einsatzgebiet operieren mussten. Der

Anschlag in Kabul 2003 wäre möglicherweise nicht so tragisch ausgegangen, wenn der Transport der Soldaten mit gepanzerten Fahrzeugen durchgeführt worden wäre.

Eine Einsatzarmee, wie es die Bundeswehr seit langem ist, muss zudem autark handeln können. Deshalb ist es mehr als fragwürdig, dass der Truppe erst nach mehr als 10 Jahren Bergungs- und Kampfhubschrauber zur Verfügung gestellt wurden.

Die Probleme mit der Ausrüstung waren lange bekannt, dennoch wurden kaum finanzielle Mittel bereitgestellt, um die Soldaten schnellstmöglich ergänzend zu unterstützen. Die dringend notwendigen Beschaffungsmaßnahmen zogen sich über Jahre hin, blockierten damit den Handlungsspielraum der Einsatzkräfte erheblich und erhöhten das Risiko für Leib und Leben der Soldaten.

Im Bereich der Betreuung waren ebenfalls schwerwiegende Mängel zu verzeichnen, die sich nachteilig auf die Soldaten und die Erfüllung ihres Auftrags in Afghanistan ausgewirkt haben. Für die Soldaten ist der Kontakt zur Familie und der Heimat der größte psychische Rückhalt. Die mehrmonatige Abwesenheit von zu Hause ist mitunter die schwerste seelische Belastung für die Soldaten. Deshalb ist es nicht nachvollziehbar, dass es bis heute keine bedarfsgerechte und kostengünstige Variante des Telefonierens mit der Heimat gibt, obwohl dies bei den anderen in Afghanistan stationierten Nationen seit Jahren Gang und Gäbe ist. Die zum Teil abstruse Einsatzplanung hat schließlich gezeigt, dass die Bundeswehr mit ihren planenden Stellen durch die zunehmenden internationalen Einsätze überfordert ist, was wiederum auf den Rücken der Soldaten und ihren Familien ausgetragen wird.

Nach mehreren Monaten in Afghanistan sind es auch kleine Dinge, die die Soldaten enttäuschen und ihnen ihren geringen Stellenwert für die Politik aufzeigen, wie beispielsweise die beschädigten Weihnachtspakete. In Deutschland würde man über solche Kleinigkeiten lachen oder hinwegschauen, aber wer selbst in so einer Situation war, der weiß, wie wertvoll kleine Gesten fern ab der Heimat sind. All dies sind Gründe, die die Soldaten demotivieren und am Sinn des Einsatzes zweifeln lassen.

In der Gesamtbetrachtung war die Bundeswehr in allen drei von mir analysierten Bereichen für den Afghanistaneinsatz unzureichend vorbereitet, ausgestattet und betreut. Die eingeleiteten Abhilfemaßnahmen wurden in der Regel nur schleppend vorangetrieben oder über Jahre hinausgezögert. Die Folgeerscheinungen waren für die Soldaten lebensbedrohlich oder führten zu tragischen Unfällen mit Todesfolge.

Aus meiner eigenen Erfahrung während meines Afghanistaneinsatzes kann ich bestätigen, dass viele der beschriebenen Probleme bestanden und weiterhin bestehen. Eine landeskundliche Unterrichtung fand nur spärlich statt, die Schießausbildung war auf das Nötigste beschränkt, einen Teil der Ausrüstung musste ich mir sogar selbst auf eigene Kosten beschaffen (Taschenlampe, Sonnenbrille, Pistolenholster). Die Telekommunikationsmöglichkeiten waren enorm eingeschränkt und mit hohen Kosten verbunden.

Wenn ein Parlament seine Armee schon in einen so risikoreichen militärischen Einsatz, wie den in Afghanistan schickt, dann muss das auch mit der entsprechenden Konsequenz erfolgen. Finanzielle Engpässe und Einsparmaßnahmen auf dem Rücken der Soldaten auszutragen, ist schlicht unmenschlich.

Ich kann deshalb nur hoffen, dass der Afghanistaneinsatz der Bundeswehr möglichst schnell ein Ende findet und keine weiteren Soldaten ums Leben kommen.

Literaturverzeichnis

Becker, Johannes M. / Wulf, Herbert, Afghanistan: Ein Krieg in der Sackgasse, Berlin, 2.Aufl. 2011

Bundesministerium der Verteidigung: Broschüre „Unsere Bundeswehr in Afghanistan – Für Sicherheit und Frieden", Bonn, 2009

Gehrcke, Wolfgang / Buchinger, Christel / von Freyberg, Jutta / Kebir, Sabine, Afghanistan – So werden die „neuen Kriege" gemacht - Deutschland und der Krieg am Hindukusch, Köln, 2011

Jarass, Hans D. / Pieroth, Bodo: „Grundgesetz für die Bundesrepublik Deutschland" – Kommentar, München, 10. Aufl. 2009

Kobras, Fritz, Afghanistan und die NATO – Gefangen im asymmetrischen Krieg, Frankfurt/Main, 2010

Seiffert, Anja / C. Langer, Phil / Pietsch, Carsten: „Der Einsatz der Bundeswehr in Afghanistan – Sozial- und politikwissenschaftliche Perspektiven", Wiesbaden, 2012

Seliger, Marco, Sterben für Kabul – Aufzeichnungen über einen verdrängten Krieg, Hamburg, 2011

Schöningh, Ferdinand, Wegweiser zur Geschichte - Afghanistan, Paderborn, 3.Aufl. 2009

Schwitalla, Artur, Afghanistan, jetzt weiß ich erst... - Gedanken aus meiner Zeit als Kommandeur des Provincial Reconstruction Team Feyzabad, Berlin, 2010

Stockfisch, Dieter, DER REIBERT - Das Handbuch für den deutschen Soldaten, Berlin, Bonn, Hamburg, 2012

Unterrichtung durch den Wehrbeauftragten - Jahresbericht 2002, Deutscher Bundestag, Drucksache 15/500 vom 11.03.2003

Unterrichtung durch den Wehrbeauftragten - Jahresbericht 2003, Deutscher Bundestag, Drucksache 15/2600 vom 09.03.2004

Unterrichtung durch den Wehrbeauftragten - Jahresbericht 2004, Deutscher Bundestag, Drucksache 15/5000 vom 15.03.2005

Unterrichtung durch den Wehrbeauftragten - Jahresbericht 2005, Deutscher Bundestag, Drucksache 16/850 vom 14.03.2006

Unterrichtung durch den Wehrbeauftragten - Jahresbericht 2006, Deutscher Bundestag, Drucksache 16/4700 vom 20.03.2007

Unterrichtung durch den Wehrbeauftragten - Jahresbericht 2007, Deutscher Bundestag, Drucksache 16/8200 vom 04.03.2008

Unterrichtung durch den Wehrbeauftragten - Jahresbericht 2008, Deutscher Bundestag, Drucksache 16/12200 vom 26.03.2009

Unterrichtung durch den Wehrbeauftragten – Jahresbericht 2009, Deutscher Bundestag, Drucksache 17/900 vom 16.03.2010

Unterrichtung durch den Wehrbeauftragten – Jahresbericht 2010, Deutscher Bundestag, Drucksache 17/4400 vom 25.01.2011

Unterrichtung durch den Wehrbeauftragten – Jahresbericht 2011, Deutscher Bundestag, Drucksache 17/8400 vom 24.01.2012

Unterrichtung durch den Wehrbeauftragten – Jahresbericht 2012, Deutscher Bundestag, Drucksache 17/12050 vom 29.01.2013

Wohlgethan, Achim, SCHWARZBUCH BUNDESWEHR – Überfordert, demoralisiert, im Stich gelassen, München, 2011

Wohlgethan, Achim, OPERATION KUNDUZ – Mein zweiter Einsatz in Afghanistan, Berlin, 2010, 4. Aufl.

Wohlgethan, Achim, ENDSTATION KABUL – Als deutscher Soldat in Afghanistan – ein Insiderbericht, Berlin, 2009

Internetquellen

http://www.bundestag.de/dokumente/textarchiv/2012/37512824_kw04_wehrbericht/index.html

http://www.bundestag.de/bundestag/wehrbeauftragter/aufgaben/index.jsp

http://www.bundeswehr.de/portal/a/bwde/!ut/p/c4/04_SB8K8xLL
M9MSSzPy8xBz9CP3I5EyrpHK9pPKUVL3ikqLUzJLsosTUtJJUvfSi0ryUn
MT01Dz9gmxHRQAneIA1/

http://www.bundeswehr.de/portal/a/bwde/!ut/p/c4/04_SB8K8xLL
M9MSSzPy8xBz9CP3I5EyrpHK9pPKUVL3ikqLUzJLsosTUtJJU_YJsR0UA
PB4qnw!!/

http://www.deutschlandfunk.de/verdruckstheit-im-umgang-mit-dem-
afghanistaneinsatz.868.de.html?dram:article_id=124583

http://www.focus.de/politik/deutschland/verteidigung-
ausruestungsmaengel-wehrbeauftragter-schlaegt-alarm_aid_533367.html

http://www.focus.de/politik/ausland/konflikte-tod-nahe-Kunduz-
klage-ueber-ausbildungsmaengel_aid_495923.html

http://www.focus.de/politik/deutschland/konflikte-bundeswehr-in-
afghanistan-bekommt-kampfhubschrauber_aid_880729.html

http://www.focus.de/politik/deutschland/bundeswehr-in-afghanistan-
koenigshaus-beklagt-mangelnde-ausruestung_aid_646028.html

http://www.merkur-online.de/aktuelles/politik/jung-fordert-
rechtsschutz-soldaten-419718.html

http://www.nato.int/isaf/docu/epub/pdf/placemat.pdf
http://www.spiegel.de/politik/ausland/afghanistan-vier-bundeswehr-
soldaten-getoetet-a-252046.html

http://www.spiegel.de/panorama/gesellschaft/bundeswehrbericht-
soldaten-starben-wegen-schlechter-ausruestung-a-703086.html

http://www.spiegel.de/spiegel/print/d-61629800.html

http://www.spiegel.de/gesundheit/psychologie/traumatisierte-bundeswehrsoldaten-psychologen-warnen-vor-dunkelziffer-a-856440.html

http://www.wehrmed.de/article/2055-VERSORGUNG_MIT_THROMBOZYTEN-KONZENTRATEN_IM_DEUTSCHEN_EINSATZKONTINGENT_ISAF.html

Zeitschriften

Der Spiegel – Ausgabe Nr. 30 / 25.07.2011 – Artikel: „Currywurst am Hindukusch"

Der Spiegel – Ausgabe Nr. 46 / 14.11.11 – Artikel: „Bedrohliche Druck-knöpfe"

Abbildungsverzeichnis

Abb.1:
Selbst erstellt aus den Daten von:
Vgl. Jahresbericht 2010, S.19

Abb.2:
Selbst erstellt aus den Daten von:
Vgl. http://www.spiegel.de/gesundheit/psychologie/traumatisierte-bundeswehrsoldaten-psychologen-warnen-vor-dunkelziffer-a-856440.html

Zeitfracht Medien GmbH
Ferdinand-Jühlke-Straße 7
99095 Erfurt, Deutschland
produktsicherheit@kolibri360.de